COMPOSTELLE :
CHEMINEMENT D'UNE MÉTAMORPHOSE

Georges Bilandjian

© 2025 Georges Bilandjian
Édition : BoD · Books on Demand,
31 avenue Saint-Rémy, 57600 Forbach,
bod@bod.fr
Impression : Libri Plureos GmbH,
Friedensallee 273, 22763 Hamburg
(Allemagne)
ISBN : 978-2-3225-1636-0
Dépôt légal : Décembre 2024

"Le voyage c'est aller de soi à soi en passant par les autres." (Proverbe Touareg)

Préface

Il ne m'a fallu que quelques heures pour « *dévorer* », si je puis m'exprimer ainsi, les pages de son ouvrage. Jusqu'au moment où Georges me fit l'honneur, de solliciter mon regard littéraire, et d'en poser mon empreinte au travers cet hommage.

Trouvons-nous le chemin ou est-ce plutôt, le chemin qui nous trouve ?

Comment te remercier pour ce cadeau ? Ta confiance et ce livre, sans hasard, entre mes mains aujourd'hui...
Un pur joyau, humble, authentique, sage.
Le pouls de la vie qui bat dans nos cœurs.
J'ai ressenti au fil des pages, son infini frisson. J'ai marché tes pas !
La profondeur de tes mots nous ramène sans cesse à l'équilibre, corps-âme-esprit, sur le fil de la vie au bord des précipices.

La grande aventure humaine, le chemin initiatique de l'être, fait de paradoxes, d'ombre et de lumière, marqué de citations et si bien écrit, résonne et fait écho à mon propre "*Camino*", pas tant éloigné de Compostelle en réalité.

Cet élixir est un véritable condensé, dont tu nous livres avec justesse, ce que chacun aurait à y saisir et dont les autres secrets restent bien gardés au cœur de ton intime coquille, cependant désormais bien allégée. Il nous dépouille nous-mêmes, d'un quelconque doute qui serait resté en suspens...

Ce livre, plein de discernement quant au fonctionnement actuel de nos sociétés, joue à la perfection le "*trait d'union*" que tu évoques, et nous emmène là où "*la frontière entre l'azur et la Terre n'existe plus*", nous offrant le "*raccourci*" certes "*plus long en kilomètres*", comme tu l'écris également, et pourtant...un contact direct avec le divin, le grandiose, le grand architecte, l'artiste qui nous élève, le créateur qui nous sustente...

La quête du Saint Graal, le voyage du Héros, le tombeau de Saint-Jacques, ne sont que des "*prétextes*" en effet, ravivant en chacun, une vérité. Comme tu le décris si bien : "*tout le monde sait où nous allons, mais personne n'a besoin de savoir qui nous sommes*". Tu as touché en moi ce retour à mon humilité, si puissant, me rappelant au cœur de ma petitesse, que "*Je ne puis tout découvrir en une fois...*". Je suis pleine de gratitude, merci, merci pour ce partage, ce chemin de Foi, de courage, de volonté et de détermination.

Et qui prouve une fois de plus, que tout cheminement personnel ramène inéluctablement la vue.
"*Nous oublions que nous avons des devoirs, avant de demander des droits*", ne serait-ce qu'envers notre Terre-Mère et

l'abondance qu'elle nous offre.

Loin des réseaux et de leurs illusoires détours, tu nous offres une reconnexion au vivant, une spiritualité bien incarnée, ancrée et encrée sur ces pages, qui méritent de rejoindre les étagères des bibliothèques, ou encore les tables de chevet d'un grand nombre de lecteurs en chemin. En te lisant, j'ai les souvenirs ramenés par mon parrain, qui émergent et défilent en images dans ma tête... ; peut-être as-tu croisé aussi ses pas sans le savoir, ayant emprunté lui-même ces routes à plusieurs reprises, et dont j'ai pu apercevoir en photo, la célèbre stèle près d'Aubrac, sur laquelle est gravée la phrase de *Camille Belguise* que tu évoques : "*Dans le silence et la solitude, on n'entend plus que l'essentiel.*" A travers ton regard ou encore l'émanation d'un cigare, tu réussis à nous faire toucher le grand pouvoir du silence, libérateur. Tu nous permets au travers ton récit de "*contempler le monde*

avec émerveillement, tel qu'il est, et non tel qu'on voudrait qu'il soit".
Enfin, derrière ton poignant témoignage, arménien, et ton âme courageuse, c'est aussi une véritable libération familiale et collective à laquelle tu fais acte, face aux atrocités des hommes.
Des larmes de peine, puis de joie, puis d'un quelque chose de bien plus grand encore et presqu'insaisissable, coulent encore depuis le cœur de mes cellules, jusque sur mes joues à l'instant où j'écris ces mots pour te remercier.

"Rien ne se perd, rien ne se crée, tout se transforme...". Depuis la Source originelle jusqu'à son Éternité, la boucle est bouclée.
Hâte que ce bijou puisse voir le jour et se propager telle une onde d'amour dans le cœur des Hommes... Tu peux compter sur mon soutien. Ainsi on peut l'écrire, tu l'as retrouvée, ton étoile !
Quel cadeau !

Cher ami, Merci.

Karine, le 27 février 2024. *

* *Préface rédigée par Karine Sicre, guide spirituelle, auteure de* "Retrouve ton Etoile" *et* "Divine Providence", *qui accompagne les êtres en Chemin…*

1. La belle histoire

"Soyez le changement que vous voulez voir dans le monde." (Gandhi)

Le monde et l'humanité regorgent de belles histoires ! C'est pourquoi nous sommes toujours émerveillés par la force et la beauté de la terre.

"Il était une fois" …, les belles histoires commencent toujours ainsi, celle-ci se déroule il y a 2000 ans, au lac de Tibériade en Galilée.

Jacques et son frère, Jean, étaient des pêcheurs qui vivaient simplement. La vie était ainsi tracée pour eux et rien ne semblait pouvoir venir la perturber, pêcheurs de père en fils, voilà ce qui les attendait !

Cependant, leur destin deviendra bien différent avec la rencontre de Jésus de Nazareth.

Tout allait basculer en une fraction de seconde ! La venue de Jésus sera un catalyseur, un déclic, comme une étincelle pour les deux frères sans possibilité de retour en arrière.

Il leur dit simplement :

« Venez à ma suite et je vous ferai pêcheurs d'hommes ! »

Les deux fils de Zébédée prirent leur bâton de pèlerin, abandonnèrent leurs filets et leur existence de pêcheurs au fin fond de la Galilée, et le suivirent. C'est de cette façon que ce récit, qui a traversé les siècles, nous a été transmis.

Ainsi de nos jours, des femmes et des hommes décident à leur tour de saisir un bâton, appelé aussi bourdon, et de juste emporter un sac à dos, pour arpenter les chemins ancestraux de Compostelle en direction du tombeau de l'apôtre. Eux aussi, ressentent qu'ils n'ont plus le choix et que leur vie sera bien différente après ce voyage. Que de revenir sur leur pas leur sera impossible, tout comme pour le futur apôtre.

Le début de l'histoire de Jacques, dit Le Majeur dans la Bible, est en marche et ce pèlerinage se poursuit encore dans les traces des pèlerins d'aujourd'hui.

Il deviendra avec son frère, l'un des premiers disciples, puis l'un des douze apôtres.

Ce nombre souvent considéré comme parfait, revient régulièrement dans l'histoire, comme dans les douze tribus d'Israël ou les douze titans, annonçant la fin d'un cycle et le début d'un autre. C'est peut-être ce que Jésus espérait avec sa venue parmi nous. Il meurt d'ailleurs à la douzième station, avant de ressusciter !

Saint-Jacques sera nommé aussi fils du tonnerre, pour ses colères envers ceux doutant que Jésus soit le messie. La croix qui le représente est en forme d'épée pour rappeler ce trait de caractère.

Il suivit Jésus, ainsi dépouillé. Il marcha avec lui et avec les autres apôtres, de Galilée en Judée, pour évangéliser les terres tout au long de leurs périlleux chemins. Marcher maintenant à notre tour pour aller honorer sa dernière demeure à Compostelle, est donc une suite logique pour le remercier.

Les miracles accomplis au fur et à mesure de leurs avancées firent grandir la renommée de Jésus et de ses apôtres.

Bien sûr, la foule qui les suivait devint de plus en plus importante et chaque miracle était transmis à chacun de bouche à oreille, jusqu'aux confins du royaume.

Tous voulaient apercevoir ce Jésus qui affirmait être le fils de Dieu, pour lui faire part de leurs demandes, dans l'attente à chaque fois bien entendu, d'un nouveau miracle.

Parfois incrédules, ils allaient ensuite répéter ce qu'ils avaient vu de leurs propres yeux et devenaient aussi pour certains, les premiers convertis au christianisme.

La remise en cause des fondements de la société romaine était également présente dans tous les prêches, et les hommes qui les écoutaient, commençaient à ne plus reconnaître ni accepter les monarques romains qui les exploitaient au quotidien. Cela créait un vent de révolte qui allait grandissant, en même temps que le nombre de fidèles suivant Jésus, augmentait.

Le pouvoir en place, et ceux qui en profitaient, ne pouvait laisser un homme prétendre être le fils d'un

Dieu unique et compromettre ainsi de surcroît, leur position de domination sur le peuple.

Cette situation ne pouvait être tolérée ! Éliminer ou tout au moins faire taire ce dangereux meneur, devenait une obligation pour empêcher une révolte ou pire, une révolution ! Arrêter ce prédicateur était une nécessité pour qu'il renonce à sa foi devant le peuple, et qu'il avoue n'être qu'un charlatan, un imposteur de plus.

Un plan pour son arrestation fut ainsi organisé pour se débarrasser de cet homme devenu si gênant. Trahi après le dernier repas des apôtres (la Cène), il fut arrêté dans le jardin de Gethsémani, sur le Mont des Oliviers, par les autorités juives de Jérusalem, puis conduit au préfet Ponce Pilate.

Comme Jésus ne voulait pas renoncer à diffuser ses idées dites hérétiques, en réaffirmant qu'il était bien le fils de Dieu, Ponce Pilate, tout en sachant que les autorités religieuses avaient décidé de l'éliminer, s'en lavait les mains en public, laissant les religieux juger de son sort, pour ne pas apparaître comme celui qui avait pris cette décision. Ainsi condamné à mort, Jésus fut emmené sur le Chemin de Croix et entreprit l'ascension des différentes stations jusqu'au Mont Golgotha, portant sa croix avec peine, avant sa crucifixion et sa mort en ce lieu. Ce site sacré, abrite aujourd'hui le Saint-Sépulcre où des millions de pèlerins viennent chaque année se recueillir devant le tombeau du Christ.

Ce récit, beaucoup d'entre nous le connaissent. Il a traversé les siècles et pour une grande partie de nos populations, l'ensemble des fêtes de notre calendrier est lié aux différents moments de la vie du prophète, que cela soit sa naissance, sa mort ou sa résurrection.

À l'époque, les gouvernants ne voyaient en Jésus qu'un fauteur de troubles de plus, et ainsi supprimé, cela permettait d'arrêter définitivement cette révolte comme tant d'autres, déjà matées. Ce petit prédicateur, cet illuminé, serait vite oublié et l'asservissement du peuple serait ainsi rétabli. Tous ceux qui voudraient encore parler de ce « Jésus », seraient réduits au silence par un moyen ou un autre.

Fin de l'histoire de ce fou ou de cet affabulateur et retour de la toute-puissance des gouvernants !

2. De Saint-Jacques à Compostelle

"Marche un mille, pour visiter un malade, deux pour réconcilier deux hommes, trois quand il s'agit d'honorer Dieu." (Proverbe Arabe)

Dieu et ce faux prophète étaient maintenant loin des préoccupations du pouvoir en place qui ressentait un véritable soulagement après cette élimination ; sûr d'avoir éradiqué définitivement ce problème. Les histoires d'un Dieu transcendant et unique, ainsi que ce « Jésus », étaient déjà dans les oubliettes, comme bien d'autres avant lui s'étant risqués à parler de monothéisme.

Cependant, ce qui avait étonnamment été engagé, ne pouvait s'effacer ou disparaître sans modifier le cours de l'histoire, car cet homme, même éliminé, n'empêchait pas la religion chrétienne de continuer à se propager. La renommée de ce supposé fils de Dieu et ses apôtres se diffusait et touchait de plus en plus de fidèles. Cette crucifixion avait attiré une foule nombreuse qui persistait à croire en cet homme en tant que messie, et sa résurrection fut aussi célèbre que sa mort !

Les Apôtres devinrent aussi la cible des autorités pour empêcher leur témoignage auprès du peuple. Ils continuaient à retracer la vie de Jésus et des miracles accomplis. Ils témoignaient en réaffirmant qu'il était le Christ, le Fils de Dieu, toujours vivant !

Jacques fut très actif à diffuser ces préceptes. Son histoire était en marche, mais il n'était pas encore Saint-Jacques-de-Compostelle !

Les apôtres se dispersèrent donc, à la fois pour échapper aux arrestations, et pour continuer à prêcher au nom du Christ, afin d'étendre l'évangélisation sur de nouvelles terres. Ils partirent dans les différentes directions du monde romain jusqu'aux confins des terres connues. Certains d'entre eux iront dans le sud de l'Espagne, à Alméria par exemple, ce qui donnera naissance au Camino (Chemin en espagnol) Mozarabe, souvent considéré comme l'un des plus anciens. Il est encore emprunté de nos jours jusqu'à Compostelle.

C'est ainsi que Saint-Jacques pour sa part, alla évangéliser par les voies maritimes, le nord-ouest de l'Espagne qui était à l'époque considéré comme le bout des terres. Dans cette lointaine Galice, des noms de villes situées sur l'océan Atlantique, reviendront régulièrement dans les textes relatifs à l'histoire de Saint-Jacques, telles que Padron, cap Fisterra (fin des terres) et Muxia… Ainsi, il débarqua près de Padron et tenta de développer la religion chrétienne dans la région.

Malheureusement, cela fut un échec et en plein désespoir, plus de quatre ans après son arrivée, il se mit à douter de la réussite de sa mission.

A Muxia, assis face à l'océan, il s'endormit et vit Marie, la mère de Jésus… Dans son sommeil, il rêva d'elle, arrivant dans une embarcation, munie d'une grande voile tirée par des anges. Elle venait le soutenir dans sa mission d'évangélisation de l'Espagne, tout en lui demandant également de revenir en Judée, où les chrétiens étaient persécutés. Nous pouvons apercevoir à cet endroit, de grandes pierres plates près du bord de l'océan, dont certaines sont censées représenter le gouvernail et la voile du bateau de Marie abordant ce lieu.

Saint-Jacques laissa quelques compagnons pour poursuivre sa route et diffuser ses préceptes, notamment par l'évangélisation du nord-ouest de l'Espagne. Il revint à Jérusalem enseigner le Christianisme et il défendit le peuple qui souhaitait se convertir.

Cependant le roi Hérode avait décidé d'exterminer tous ceux qui voulaient encore prêcher au nom de Jésus-Christ. Il fallait éradiquer ces fanatiques et empêcher leurs idées de se propager, car il avait bien compris que Jésus avait créé un courant nouveau très dangereux, pour lui et les siens. Il fallait donc détruire tout ce qui se référait au christianisme en empêchant son expansion le plus rapidement possible.

Saint-Jacques fut arrêté et décapité vers 44 après Jésus-Christ, sa tête jetée d'un côté et son corps de l'autre, hors de la ville. L'église arménienne Saint-Jacques, située dans la vieille ville de Jérusalem sur la montée du Chemin de Croix où serait tombé Jésus pour la première fois sous le poids de sa croix, prétend détenir la tête de l'apôtre. Elle est devenue depuis une cathédrale.

Ses disciples récupérèrent ainsi son corps, placé dans un cercueil, et l'embarquèrent pour conduire sa dépouille jusqu'en Galice, avec l'aide de l'ange Gabriel…

Ils franchirent ainsi la Méditerranée pour rejoindre l'océan Atlantique et débarquèrent le corps de l'apôtre à Padron, située à une trentaine de kilomètres de la ville actuelle de Compostelle.

C'est encore aujourd'hui l'une des étapes du Camino sur le parcours Portugais, qui part souvent de Porto ou de Lisbonne, en passant par Fatima, pour aller jusqu'à la tombe de l'apôtre. Une pierre dans l'église Santiago est considérée comme la pierre d'amarrage du bateau qui aurait accosté avec sa dépouille.

Il fut transporté en secret dans un cercueil de marbre et caché afin que personne ne retrouve son corps, toujours intact, évitant ainsi qu'il ne soit détruit par les autorités en place.

Cette envie de reconduire son corps sur la terre de Galice, était un acte montrant que même après sa mort, le Saint était toujours présent et vivant pour évangéliser ce lieu. Ses disciples continuèrent d'utiliser son nom pour leur quête, affirmant que Saint-Jacques était revenu sur sa terre d'adoption et que son corps, caché, toujours intact, prouvait qu'il était encore là, présent pour veiller sur les Chrétiens.

Les gouvernants tentèrent de le retrouver en vain pour le détruire, puis avec le temps les recherches s'arrêtèrent, considérant qu'il s'agissait d'un mensonge, et l'oubli mit fin à cette histoire.

Bien plus tard au IXème siècle, alors que la religion chrétienne s'enracinait de plus en plus en Espagne, et en particulier en Galice, un ermite, nommé Pélage, aperçut une nuit, une étoile qui éclairait le sol. Elle indiquait un lieu précis dans un champ avec d'étranges lumières scintillantes, à la lisière d'une forêt.

Intrigué, il avertit le roi et l'évêque de la région qui décidèrent de creuser sur l'emplacement indiqué, et les fouilles permirent de retrouver un cercueil de marbre ainsi que les restes d'un être humain sans tête. Bien sûr l'histoire oubliée, revint en mémoire et ce corps devint celui de l'apôtre du Christ ! Ce champ fut appelé : Compostela, Champ de l'étoile. La tombe du corps de Saint-Jacques le Majeur disparu était donc enfin retrouvée pour les chrétiens. Il n'y avait aucun doute, il s'agissait bien du Saint protecteur de l'Espagne.

Le roi, Alphonse II, fit construire à cet endroit une église au-dessus du tombeau, pour honorer sa mémoire. Puis, une cathédrale sera édifiée pour faire face à l'afflux de plus en plus important de fidèles aux alentours mais aussi venant d'au-delà de la Galice, pour vénérer les reliques de l'apôtre. Le long des premiers itinéraires, seront construits des chapelles, des églises, des monastères et des hospices pour accueillir ces pèlerins de toutes conditions, éreintés par leur périple, leur offrant abri et nourriture. Une économie locale se développera peu à peu sur les routes empruntées, à mesure de l'attrait pour ce pèlerinage. Celui-ci a aussi favorisé avec le temps, les échanges linguistiques et culturels entre les régions d'Espagne en premier lieu, puis avec des territoires européens de plus en plus lointains.

Des textes reprennent à ce moment-là, les exploits de Saint-Jacques créant la légende et renforçant le culte autour de l'apôtre. Ces manuscrits sont encore conservés à ce jour dans la cathédrale de Compostelle. Cinq livres sont contenus dans ce qu'on appelle le manuscrit Codex Calixtinus.

Ayant appris également cette découverte, les religieux de différents pays accompagnés de fidèles, décidèrent à leur tour d'aller rendre hommage, à l'apôtre enfin retrouvé, en empruntant des chemins de plus en plus éloignés et créant ainsi des itinéraires dans toute l'Europe, appelés aussi "Camino de Santiago". Ils vivaient une expérience de dépassement de soi et de fraternité. À leur retour, ils partageaient leurs expériences et leurs histoires renforçant encore le mythe de l'apôtre. Ainsi serait née la ville de Saint-Jacques-de-Compostelle ou Santiago de Compostela qui aujourd'hui est l'une des villes les plus importantes du nord-ouest de l'Espagne.

3. Chacun son Compostelle

"Quand un homme marche vers son destin, il est souvent obligé de changer de direction." (Paulo Coelho)

La direction vers l'Espagne, désormais connue, les premières voies de Compostelle seront créées, dont celle du Chemin du Puy-en-Velay en Haute-Loire, restant de nos jours la voie la plus empruntée de France. Mais bien d'autres Caminos français existent, tout aussi nombreux en Europe et bien entendu en Espagne. Tous ces itinéraires ont de nos jours une renommée internationale et certains sont inscrits au patrimoine mondial de l'Unesco.

C'est une belle histoire qui a traversé les siècles avec de nombreuses versions différentes. Ainsi, retrouver la véracité des faits historiques de cette période, est bien difficile, comme d'ailleurs tout ce qui entoure la vie de Jésus ou de la religion chrétienne, et il en est sûrement de même pour toutes les autres religions.

En revanche, nous ne pouvons pas nier que c'est une histoire qui, aujourd'hui, fait encore marcher des milliers de personnes et que ce nombre continue à progresser d'une manière exponentielle, chaque année.

Pourtant de nos jours, peu de pèlerins connaissent réellement cette belle histoire, tout au moins au départ de leur marche vers le tombeau de Saint-Jacques et nombreux sont ceux qui la découvriront au fur et à mesure de leur avancée sur le chemin. Les interrogations et les questionnements sont souvent présents à leur arrivée lorsqu'ils doivent se faire jour.

Il y a donc d'autres éléments qui incitent de plus en plus d'individus à entreprendre ce voyage comme certains cherchent le Saint Graal, cet objet sacré.

Le développement de tous les Caminos qui mènent à Compostelle interroge sur les vraies raisons de ces voyageurs se dirigeant au fin fond de la Galice pour aller se recueillir sur le mystérieux tombeau de Jacques Le Majeur.

Cette tombe, qui date officiellement de près de 2000 ans, attire des pèlerins qui auront marché pour certains, plusieurs mois, sans savoir ce qu'ils allaient trouver réellement à l'arrivée.

Qu'est-ce qui amènent des randonneurs au cours ou au bout de leur périple, à devenir souvent des pèlerins, à tout quitter un jour pour rejoindre ce lieu, la plupart du temps à pied sur des centaines voire des milliers de kilomètres ?

Qu'est-ce qui fait que l'on prend la route, en basculant d'un jour à l'autre, d'un monde aseptisé où tout est si contrôlé et protégé, pour marcher sur des itinéraires plus ou moins bien balisés, en ne sachant pas où l'on va, ni où l'on passera la nuit, ni dans quelles conditions ?

Tout cela pour rejoindre une terre inconnue et souvent très lointaine avec au bout, plein de légendes, de belles histoires, des superstitions, mais aussi parfois des craintes et les dangers inhérents au déplacement !

Ces pèlerins, d'hier comme d'aujourd'hui, sont en général des gens ordinaires sans capacités sportives particulières. Or un beau matin, n'ayant jamais entrepris de réelles marches sur une durée aussi longue, ils quittent leur vie bien organisée, et sans aucune certitude qu'ils pourront aller au bout de ce voyage dans le nord-ouest de l'Espagne.

Pourquoi alors se mettre en chemin pour rejoindre la cathédrale de Saint-Jacques-de-Compostelle ?

C'est souvent aussi un voyage initiatique qui amènera ce pèlerin à envisager d'autres destinations ou d'autres chemins : Rome, Jérusalem... Des voies moins fréquentées et bien plus aventureuses que celle en direction de la Galice devenue avec le temps, sécurisée, du moins pour les routes principales et en fonction bien entendu de la saison durant laquelle nous marcherons.

Est-ce la pression de nos vies trop organisées, de plus en plus stressantes, de responsabilités toujours plus importantes ?

Est-ce un moyen de redécouvrir son corps et du même coup réfléchir à son état d'être humain avec l'introspection nécessaire de son esprit ?

Est-ce une manière de renouer et de se reconnecter avec la nature, de retrouver les plaisirs simples offerts et les sons oubliés dans ce monde de bruits préfabriqués ?

Oui, il y a de tout cela et bien plus encore quand je marche. Entendre, ou plutôt écouter, le chant des oiseaux et le crissement de nos chaussures sur les différents types de sols. Ouvrir les yeux et retrouver, l'air émerveillé, ce qui nous entoure d'une manière nouvelle. Sentir les émanations des parfums de la terre, toucher de nos mains un arbre qui nous inspire comme si nous communions avec lui. Choisir un caillou que l'on pose à proximité ou sur une croix pour marquer son empreinte, son passage sur ce chemin, bien qu'éphémère mais si essentiel, après tant d'autres qui sont passés là avant nous. Découvrir la musique du vent dans les feuilles qui dansent, si particulier en fonction du type d'arbres ou de plantes présentes et ceci grâce à la puissance et à la direction du vent, ou de la saison. Admirer les oiseaux ponctuant de leurs couleurs et de leurs chants, notre respiration pour l'ajouter à cette symphonie, complétée par le ballet des papillons multicolores volant au gré du vent… Je ressens que cette respiration de la nature est ancestrale.

Emprunter le Camino, nous permet d'ancrer en nos mémoires, les nuances et tous les camaïeux de coloris en mouvance qui nous entourent, selon le bon vouloir des rayons du soleil et des nuages portés par des vents contraires. Cela crée pour nos yeux, un ballet fascinant et unique, un spectacle momentané entre ciel et terre. Parfois, c'est la présence de l'eau d'un lac, d'une rivière ou de l'océan, que nous pensons pouvoir toucher, car à la fois si près et pourtant si lointaine sur le fond de ce tableau, qu'elle intensifie encore l'expérience visuelle exceptionnelle pour chacun d'entre nous. Une aquarelle inoubliable où tous les coloris de l'univers, en perpétuels mouvements, jouent avec nos sens sur une toile mobile. Un coin de ciel rougissant, parfois brûlant tel un feu à l'horizon, réchauffe aussi notre âme vagabonde dans un albédo de lumière. Une lueur ambrée, une ocre réverbération enrichit nos corps. Cette peinture céleste devient flamboyante. L'artiste impressionniste s'amuse de notre passage maniant à la perfection, son faisceau lumineux sacré. De sa baguette magique, le virtuose interprète une sonate sur la toile du monde, maîtrisant son art à la perfection. Il modélise les formes et instrumentalise la lumière éphémère du crépuscule pour orchestrer, grâce aux nuances de couleurs, la touche finale de son œuvre.

L'astre rougeoyant vient mourir quelquefois, tel un feu de paille, derrière un monumental nuage noir, parsemé de gris-blanc, ayant englouti soudainement tout le bleu et le rose que l'on aurait pu croire un instant, éternels. Les couleurs de la terre disparaissent ainsi, s'envolent et se transforment en une ombre impressionnante qui colore de noir et de blanc, les collines environnantes, les fleurs et les arbres. Tout frissonne à son passage, et sous l'effet du vent qui décoiffe le ciel, leurs murmures évoluent de plus en plus forts, en frémissements, parfois même assourdissants. Nous ne sommes alors, plus que des roseaux qui plient et résistent face au vent, sous une pluie en filaments, devenue bientôt incessante et nous pénétrant de toutes parts. L'horizon si rouge, il y a peu encore, a rapidement disparu derrière cette brume montante, tandis que nous descendons, poussés en avant par la pente, sans pouvoir nous arrêter. La frontière entre l'azur et la terre n'existe plus. Ayant fondu sans doute pour avoir trop brillé, avalé par ce trou noir, le chaleureux soleil a disparu, laissant béant l'espoir en nous, de le revoir… A l'aube peut-être, réapparaîtra-t-il, pour rayonner dans l'air au levant d'une nouvelle journée… Nous marchons et arpentons alors ce paysage multiple, sublime, impermanent, offert tel un cadeau pour nos yeux par l'univers, nous ramenant constamment à notre humble condition d'être humain sur terre. Nus, nous avons déposé et laissé derrière nous sur le Chemin, nos habits modernes, bien inutiles ici. Et regarder en arrière ne sert à rien.

Car sur le Camino, le statut social n'a plus d'importance. Chacun avance à son rythme sans se poser de question sur ceux qui nous entourent. Peu importe l'heure de son arrivée au bout de l'étape du soir. Chaque pèlerin suit son propre cheminement à son rythme, comme je suis le mien. Nous suivons la même route mais, pour chaque jacquet*, elle reste unique. Nos pas peuvent être à l'unisson de temps en temps, il est vrai que cela est agréable, mais nous n'avons rien à imposer aux autres quant à leurs choix.

Il ne s'agit pas d'une course mais d'une quête et celle-ci est personnelle.

---

* *Nom du pèlerin se rendant à Compostelle.*

Le pèlerin suit son inspiration, son envie, ses raisons plus ou moins identifiées d'ailleurs, pour avancer.

Tout le monde sait où nous allons, mais personne n'a besoin de savoir qui nous sommes. Nos origines et pourquoi nous avons décidé de partir un jour sont sans importance. D'où nous venons, n'a pas de valeur sur le Chemin et nous pouvons choisir de marcher seuls pendant un moment, voire tout le long du voyage.

Nous croisons des marcheurs de toutes sortes sur le Camino, mais à l'arrivée, tous témoignent d'une renaissance similaire ressentie au cours de leur cheminement, souvent comme un parfait mélange de transformation, de partage, de joie, de silence, mais aussi de douleurs et de vérité à propos de soi-même.

Souvent, ils confient également à quel point le Camino leur a permis de retrouver l'essentiel de leur condition humaine.

Je me souviens de cette phrase écrite par Camille Belguise et sculptée par Jean-Claude Lanoix sur la stèle moderne juste avant le village d'Aubrac, représentant la vie terrestre et la voie vers le monde céleste, alignant la vision de la Vierge à la Domerie du village en son cercle :

"Dans le silence et la solitude, on n'entend plus que l'essentiel …"

Sur ce haut plateau de l'Aveyron, la Domerie, un ancien monastère transformé en hôpital, a dû voir passer des milliers de pèlerins marchant souvent seuls des journées entières.

Régulièrement, certains me demandent : "Mais pourquoi autant de kilomètres chaque jour ? Et jour après jour, n'est-ce pas ennuyeux d'être seul ? " Parfois, je leur réponds : " Nous ne sommes jamais vraiment seuls sur notre route. " Un bon moyen de contourner la question sans répondre réellement, car chaque jacquet a sa propre réponse, tout comme à bien d'autres interrogations. Je ne peux expliquer honnêtement, que le temps lui aussi n'a plus aucune importance sur le Chemin. Rien ne s'écoule de la même manière.

Beaucoup de pèlerins expriment aussi qu'à la fin du voyage, une fois arrivés à Compostelle, ou encore au cap Fisterra face à l'océan, « nous devenons "un nouvel homme" après tant de lieux traversés » ! Certains vont même parfois, jusqu'à brûler leurs vêtements au terme du voyage. Au bout des terres, seul ou en groupe, ce geste symbolique exprime les nombreuses transformations qui se sont produites en nous, et signifie que nous n'avons plus la possibilité d'aller plus loin ! En témoignage du cheminement accompli, je me suis moi-même autorisé à brûler un vêtement avant de repartir, et ce, malgré l'interdiction officielle de le faire aujourd'hui !

« Devenir une nouvelle personne » ou « être un nouvel homme » ! Dans ces expressions résident souvent, tout ce que nous ne parvenons pas à énoncer.

Nous savons juste que notre vie en est changée et que le terme "pèlerin" prend ainsi tout son sens.

Bien sûr, chacun gère son chemin comme il le souhaite. Certains ne reviendront plus jamais sur ce lieu, tandis que d'autres repartiront un jour à Compostelle au travers d'autres voies, ou décideront encore de réaliser de nouveaux périples plus loin ou en d'autres lieux. Il en existe tellement des voies !

Chacun la sienne, puisque l'on peut partir de chez soi.

Nous pouvons ne jamais être rassasiés. C'est comme une redécouverte de soi-même à faire grandir, croître et fleurir, ou encore un moyen d'apprendre ce que nous n'avons pas compris, ni suffisamment lâché lors de notre première tentative, à propos de nos fausses idées dans nos sacs bien trop lourds.

Il va de soi que ceux qui le font en une seule fois ont un avantage certain sur d'autres, qui doivent se résoudre à le réaliser, en morcelant leur chemin, sur plusieurs périodes.

Les premiers parviennent à une véritable métamorphose. Leur esprit et leur corps communient, se nourrissant mutuellement. En deux mois de marche minimum, en partant du Puy par exemple, elle leur apporte transformation, prises de conscience et plénitude.

Pour les autres, ils devront accepter de rentrer avec la sensation d'avoir seulement trempé leurs lèvres dans l'élixir divin du calice. L'essence de cette boisson circulera désormais dans leurs veines, et revenir dans le cours de leur vie pourra être vécu tel un déchirement. Cependant, cela leur permettra également de mesurer leur motivation profonde à repartir. Car chaque nouveau départ nécessite de repasser par une période de lâcher-prise, puis d'élimination des toxines négatives en lien à notre état sédentaire, qui font parfois renoncer rien qu'au bout de trois jours en moyenne. Les douleurs musculaires, les courbatures et les tendinites sont devenues trop insupportables pour continuer.

Personne n'a le droit de juger les choix du pèlerin sur son logis, sur le fait de porter ou non son sac, de dormir à la belle étoile, dans un gîte, ou ailleurs. Il n'y a pas non plus de bonnes distances kilométriques à parcourir chaque jour ou d'heure précise pour terminer l'étape, ni un nombre de jours maximum pour atteindre la destination. Chaque individu est libre de ces choix. Si nous ne voulons pas marcher une journée ou préférons opter pour une plus courte étape, personne n'y trouvera à redire.

Le marcheur gère son temps sur son chemin, comme ses propres avancées quant à son cheminement intérieur ! D'ailleurs, comme il est souvent dit sur le Chemin, c'est plutôt le Camino qui nous adopte en tant que passager éphémère, et nous guide en fonction de ce que nous sommes venus chercher, même si nous l'ignorons. C'est un chemin qui "chemine" en nous…

Cette expérience ne peut pas être standardisée, ni transmise par des mots, même universels, car elle est propre à chacun et à sa vision. Notre intimité liée à notre culture, à notre vécu, à notre histoire, nous fait ressentir un état intérieur personnel que chacun exprime à sa manière.

Certains peuvent être réservés, d'autres euphoriques. Certains révéleront à un moment, ce qui les a conduits à entreprendre ce voyage, quand d'autres resteront muets quant à leur présence ici-même. Mais je n'ai jamais vu de pèlerins, arriver devant la statue de Saint-Jacques, sans être émus en découvrant les places autour de la cathédrale de Compostelle, sans s'embrasser ou pleurer en retrouvant leurs compagnons de voyage parfois éphémères et pourtant si essentiels.

Bien entendu les mots partagés résonnent à l'identique, chez certains d'entre nous et de temps en temps différemment pour d'autres, car chaque quête renferme la sensibilité qui lui est propre et en lien avec son histoire.

C'est souvent le même ressenti qu'en admirant une œuvre d'art, en visionnant un film, en écoutant une musique ou en lisant un poème. Notre émotion n'est pas exactement identique à celle de notre voisin. L'être humain présent, juste à côté de nous, partage pourtant le même spectacle qui nous parle, qui nous remue, sans trop pouvoir réussir à le décrire, ni l'exprimer à travers les mots.

La proximité de nos émotions avec ceux qui nous entourent, semblent être davantage amplifiées par l'énergie de groupe que nous dégageons à ce moment-là.

Ainsi, partir un jour de chez soi découle de multiples et d'innombrables raisons, pas toujours conscientes.

Il suffit de presque rien, un reportage, une photo trouvée dans un magazine, une conversation avec un pèlerin, un documentaire, un moment particulier dans son existence, pour qu'une petite étincelle naisse et s'allume en nous sans que nous n'arrivions plus à l'éteindre !

"*Ultreïa, Ultreïa*"*, chanteront les anges sur notre passage ! Cette expression de joie du Moyen-Âge en latin, liée à notre déplacement et que nous entendons parfois sur le Chemin, nous porte en avant pour aller plus loin, grâce à cette nouvelle lumière étincelante dans nos yeux. Une étincelle qui ravive et active la mèche scintillante d'un renouveau heureux et du bonheur à venir.

---

* *L'expression médiévale complète en latin est : " Ultreïa e Suseïa " qui signifie : " Courage, allons plus loin, allons plus haut, Dieu nous aide ! "*

4. La première étincelle !

"Il n'y a pas de chemin vers le bonheur, le chemin est le bonheur." (Lao Tseu)

Le bonheur, qu'est-ce que c'est réellement ? Comment cette étincelle s'allume-t-elle pour le découvrir ? Comment fonctionne-t-elle ? De quoi a-t-elle vraiment besoin pour s'activer ? Faut-il frotter deux cailloux magiques ? Lesquels ? Qui est ce pyromane ayant gratté cette étrange allumette ? L'odeur du soufre est un présage, un prélude, car quelquefois cela ne s'allume pas toujours au premier essai. Et une fois enclenchée, comment ce feu se propage-t-il en nous, plus ou moins rapidement ? Pourquoi ne trouvons-nous pas le moyen de l'éteindre, ou plutôt, pourquoi n'avons-nous pas le matériel adéquat pour le maîtriser et le réduire à son expression la plus simple ?

En ce qui me concerne, j'ai simplement dit : « Voilà un voyage que je ferai bien un jour ! » C'était déjà trop ! L'idée a trotté, inéluctablement, dans ma tête et la petite étincelle s'est propagée tranquillement !

Au début, je l'ai ignorée comme on observe un petit brin d'herbe se mettre à fumer, sans deviner le mistral qui se lève derrière, sans comprendre que sous la tige de ce brin d'herbe, cette mèche insignifiante, couvait un feu venant des profondeurs de la terre, de ces racines, libéré des entrailles du magma.

Je n'y ai pas prêté beaucoup d'attention, il suffisait de dire :

« Oui, j'ai bien dit que je le ferai, mais ce n'est pas le moment pour l'instant. »

Ainsi, je versais un simple verre d'eau sur cette broussaille fumante et je croyais être à l'abri.

Puis elle a commencé à prendre un peu plus d'ampleur, alors un seau d'eau ne suffisait plus !

J'ai mis du temps à comprendre, que tenter de l'éteindre n'était pas la solution. Au contraire, c'était comme si je versais de l'alcool sur de la lave, embrasant d'autant plus mon corps et mon esprit.

Combien de temps cela a-t-il pris pour que la compréhension de cette réalité m'apparaisse ? Et combien de temps aussi, pour saisir que la réponse était avant tout de comprendre ce qui se passait en moi, pour y réagir autrement ? Je dirai bien plusieurs années… Chacun son rythme, son cheminement intérieur pour en tenir compte et accepter le déclic.

Certains pèlerins expliquent qu'ils sont partis sur un coup de tête, mais pour ma part, je ne le pense pas ainsi. Du moins je crois que le feu couvait depuis longtemps déjà, et qu'ils n'en avaient simplement pas réellement pris conscience ou encore qu'inconsciemment, ils ne voulaient pas accepter cet état.

Et puis un petit grain de sable s'est finalement infiltré, s'est révélé en eux, tel un petit caillou dans nos chaussures qui nous oblige à effectuer une courte pause pour l'enlever, en essayant de comprendre comment il est arrivé là. Un déclencheur, un interrupteur éteint, qui soudain s'allume et hop, nous partons sans réfléchir ! Et voilà l'impulsion incontrôlable, indomptable, qui nous fait lâcher-prise pour partir irrémédiablement le plus vite possible sans se retourner ! Cela devient une question de survie, pour eux bien sûr, et pour leurs proches parfois aussi.

Certes, pour ma part, une fois que l'acceptation de cette situation a été comprise, le choix s'est posé de la manière suivante ; ce feu intérieur, il y avait deux moyens concrets de le contenir, de le circonscrire vraiment : soit je renonçais d'une manière définitive à l'entendre sans connaître les conséquences de cette fuite, soit je lui faisais face en fixant une date précise de départ.

Je savais que j'avais le libre-arbitre dans mon choix mais que ma décision modifierait et changerait mon avenir. La croisée des chemins devant moi était, à la fois obligatoire, inévitable, sans échappatoire, et je comprenais que je ne pourrais effectuer de marche arrière pour prendre d'autres directions. Ce choix était donc crucial pour mon futur.

Seul, je devais décider promptement si je ne voulais pas être immolé et consumé par ce feu intérieur. Au-delà de cette situation, je sentais malgré tout, que je n'étais pas entièrement à l'origine de mon état. Il y avait une force, une puissance bienfaitrice qui m'amenait à prendre une direction décisive. Je crois qu'elle est en chacun de nous, il suffit de la trouver et de la comprendre.

Il n'y aurait aucun jugement sur le chemin de vie que je choisirai finalement, et cela m'a rassuré avant de décider. Je devais juste trancher et ne plus remettre à demain ma décision. Souvent, nous entendons que choisir c'est renoncer. Je ne crois pas que cela s'applique à tout. Le renoncement n'est pas approprié dans certaines circonstances car il n'existe pas réellement en tant que tel.

Voilà, c'est fait, je partirai donc après mes cinquante ans ! Ainsi les dés sont jetés ! J'ai soudainement ressenti que l'incendie en moi, s'éteignait et qu'il était remplacé par une sensation apaisante inondant toutes les cellules de mon corps. Un bien-être s'implantait en moi, se propageant aussi jusque dans mon cerveau. Chaque neurone en était imprégné et transmettait l'information au plus profond de mon subconscient. Je ne sais pas ce qui serait arrivé si ma décision avait été différente. Peu importe… Passer de l'imagination à l'action, et appuyer sur "pause" dans ma vie qui défile à toute vitesse, happée par le quotidien, et cependant, un peu plus simple à dire qu'à réaliser !

5. Compostelle ? Mais ou est-ce vraiment ?

"Ce qui importe ce n'est pas d'arriver mais d'aller vers." (Antoine de Saint-Exupéry)

Aller vers l'Espagne, contempler le tombeau de Saint-Jacques-de-Compostelle semble si simple ! C'est juste un point sur une carte, mais où se situe-t-il en réalité ? Près de l'océan Atlantique ! Eh bien, en effet, ce n'est pas tout près, quand même !

Maintenant que ma décision de partir est prise, comment vais-je la concrétiser ? Où marcher exactement, quelle distance parcourir chaque jour ? Je pars d'où ? Où vais-je dormir ? De quel type de sac à dos ai-je besoin ? Que dois-je vraiment mettre à l'intérieur ?

Une fois que l'onde d'excitation a été absorbée, des centaines de questions m'ont envahi, comme si la libération de cet élixir de jouvence engendrait ses propres interrogations.

Mon cerveau n'arrivait pas à calmer le rythme des questions, mais je savais qu'à présent, tout était en route, et qu'il faudrait les prendre une à une pour y répondre.

Je n'imaginais pas, à ce moment-là, que ce voyage allait me permettre de répondre à des questions auxquelles je ne m'étais pas encore confronté ! Bien loin des questions matérielles proprement dites, bien sûr.

Oui, ces interrogations qui ne nous réveillent pas toujours, mais qui pourtant, sont essentielles, comme le but de nos vies et leurs utilités.

Celles aussi qui nous font espérer que nos existences terrestres ne sont pas simplement les bougies d'un gâteau que nous soufflons à la fin d'une fête d'anniversaire…

Les premières questions restent simples à résoudre. Trouver mon point de départ : le plus connu et le plus proche pour moi est le Chemin du Puy-en-Velay qui se situe à plus de 1500 kilomètres de Compostelle en fonction des différentes variantes possibles.

Ce départ, en France, fait partie des quatre grandes voies avec les Chemins d'Arles, Vézelay et Tours.

D'autres itinéraires comme déjà mentionnés, venant de bien plus loin, rejoignent ces voies ancestrales liées à leurs premiers marcheurs, souvent des religieux qui avaient décidé de partir honorer la tombe de Saint-Jacques. Ainsi des pèlerins viennent du monde entier pour fouler ces terres et certains choisissent aussi de partir un jour de chez eux, pour explorer des voies plus ou moins connues.

Ce sera pour moi la voie du Puy-en-Velay en Haute-Loire pour ce premier départ ! Un classique certes, mais quand nous ne savons pas vraiment à quoi nous attendre, nous avons tendance à nous raccrocher à ce qui nous paraît le plus rassurant.

Tenant compte de mon emploi, il me faudra donc découper ce voyage en tronçons sur plusieurs années, avant de pouvoir admirer la cathédrale galicienne.

6. Partir oui, mais comment ?

"Tu ne peux voyager sur le Chemin sans être toi-même sur le Chemin." *(Bouddha)*

Sur le Chemin du Puy, je n'y suis pas encore ! Il me faut me dépêcher dans ma préparation.

Commencer déjà à répondre à toutes ces questions car le temps avance si rapidement. Le jour du départ peut sembler loin mais en réalité il est très imminent.

Et à chaque réponse à une question, une autre surgit, alors on recommence à s'interroger, à s'informer, à trouver une solution, à creuser un peu plus, et ainsi de suite…

C'est surprenant à quel point, simplement partir le plus autonome possible, est en réalité bien compliqué pour un citadin, qui plus est, n'ayant pas du tout l'habitude d'effectuer des randonnées. Porter sa maison sur le dos ! Et encore quand je parle d'autonomie, celle-ci reste succincte… Je ne compte pas comme certains pèlerins, prendre de tente par exemple, car pour moi le fait de partir ne signifie pas s'isoler du monde. Au contraire, pour ma part, c'est pouvoir s'ouvrir aux rencontres. Bien sûr, avec le recul aujourd'hui, je comprends mieux ceux qui prennent le parti de rester seul en bivouac et de parcourir souvent d'une traite leur voyage jusqu'à Compostelle. Je les respecte profondément. Leur rencontre a toujours suscité des moments passionnants parfois brefs mais intenses.

Voilà, petit à petit le matériel prend forme et évidemment nous commettons des erreurs de débutants : comme par exemple, ne prendre qu'un seul bâton, autrement nommé le bourdon du pèlerin, prendre une paire de baskets qui ne m'aura jamais vraiment été utile sur le premier tronçon. En effet, je les ai remplacées très vite par des sandales bien plus pratiques le soir dans les gîtes ou pour visiter et flâner dans les lieux traversés par le Chemin...

Également, ne pas vouloir emporter de poncho pour s'alléger, persuadé qu'un k-way suffirait, fut une grave erreur car durant ma première année de marche, entre le mois de mai et mi-juin, la pluie et la neige alliées à un vent froid ont été presque chaque jour, mes plus fidèles compagnes…

Oui, le poids à transporter devient un enjeu majeur, une véritable obsession. Comment restreindre ce que nous voulons emporter, puisque nous allons devoir le porter quelles que soient les conditions météorologiques. Il faut donc choisir avec précaution le bon sac qui soit en adéquation avec sa morphologie, qui puisse s'adapter facilement à tous les types de temps, et en particulier à la pluie afin de bien protéger ses affaires. Il est important aussi, de le régler correctement pour que le poids ne repose pas uniquement sur une partie du corps, tout en prenant soin de bien répartir le paquetage d'une certaine manière, et d'équilibrer le poids sur son dos.

Avant le départ, préparant notre équipement minutieusement, nous pesons chaque objet. Nous les plaçons dans notre sac pour évaluer le poids total, y compris l'eau. Beaucoup d'entre nous partent souvent trop chargés et finissent parfois même, par renvoyer par la poste des affaires inutiles, après seulement quelques jours !

J'ai réussi au fil des années à en réduire le poids, en supprimant à chaque retour, les objets qui n'avaient été que si peu ou pas utilisés, et en trouvant également du matériel à chaque fois plus léger et des conditionnements mieux adaptés.

Les grammes s'accumulent et se transforment en kilos que nous devrons porter sur le dos pendant des jours, des semaines voire plus, avec une durée d'effort minimum journalier de six à huit heures. Et ceci en toutes conditions, en montée, en descente et sur toutes sortes de terrains : humides, boueux, collants, glissants, rocailleux, brûlants ou enneigés… Tout paraît peser une tonne quand nous ressentons les tensions du sac qui tire sur notre dos, sur nos épaules, sur nos hanches, sur nos genoux et sur nos pieds… Nous voilà poussés dans les descentes sous sa charge, et nos pieds déjà tellement sollicités, jouent alors une danse pèlerine, chaotique et souvent bien dangereuse.

Ah, nos pieds si essentiels ! Tellement enfermés et engoncés dans nos chaussures durant des heures, et qui doivent pourtant repartir de plus belle le lendemain ! Il faut les choyer avant, pendant et après l'étape, par exemple avec des crèmes hydratantes, capables de leur apporter la reconnaissance et le réconfort tant mérités, pour les aider à rester en bonne santé.

J'ai conservé en souvenir ma première paire de chaussures trop usées, tellement craquelées ! Aujourd'hui transformée en pot de fleurs sur mon balcon, elle aura fait tant de kilomètres, je m'en remémore... au moins 3000 et peut-être bien plus ! Elle a terminé sa vie lors des derniers jours de la variante du Chemin de Saint-Guilhem-Le-Désert reliant le Camino du Puy à la voie d'Arles. Elle en a avalé des lieues, elle en a affronté des conditions météorologiques : la pluie et la neige sur l'Aubrac..., la chaleur caniculaire sur l'ancienne digue romaine après Lisbonne, sur le Camino Portugais lors de mon deuxième voyage..., la fournaise accablante de la variante de Rocamadour avec l'épée de Roland plantée dans la roche du sanctuaire venue par les airs de Roncevaux *..., les vertigineuses descentes et les sols glissants, justement, sur la fin de l'étape pour atteindre "Roncesvalles", après la si belle et difficile ascension depuis Saint-Jean-Pied-de-Port..., les boues collantes, pendant l'orage, de toutes les couleurs lors de l'ascension vers Saint-Côme-d'Olt, où mes chaussures étaient devenues aussi lourdes que des parpaings…, les centaines de traversées de ruisseaux avec leurs pierres glissantes…, les bitumes presque fondus, brûlants, interminables, chauffant les pieds de l'intérieur, comme le ferait un four micro-ondes à pleine puissance…, ou encore ces sentiers rocailleux, caillouteux, sans fin, tant périlleux pour nos chevilles, avec leurs pierres de toutes sortes, de toutes formes, mettant à de rudes épreuves nos semelles… !

Il est essentiel de choisir du matériel adapté à chacun, notamment pour le sac à dos et la paire de chaussures. Il est important également, d'utiliser de bonnes chaussettes pour freiner les ampoules qui finiront, quoi que nous fassions, par apparaître à un moment ou à un autre, si nous n'y prenons pas garde et si nous ne mesurons pas nos résistances et nos limites face à l'effort.

Roland, preux chevalier et neveu de Charlemagne, souffle dans son cor au col de Roncevaux pour prévenir l'armée royale de l'embuscade de Vascon des Basques, et pour ne point la voir finir dans d'autres mains, il lança son épée en direction de la montagne, laquelle aurait été fendue en deux, selon la légende…

Même la moindre ampoule, si elle est négligée, peut devenir dès le lendemain soir, un vrai calvaire insupportable, comme ce fut le cas pour moi lors d'une étape beaucoup trop longue en redescendant vers Cahors, et où ma priorité n'était plus de trouver un logement mais une pharmacie afin d'anticiper l'inéluctable et considérable éclosion à venir… J'ai également vécu cette expérience douloureuse lors de mon arrivée à Lectoure, où la phlyctène si petite le matin, à force de frottements, s'était transformée au cours de la journée, en un énorme « hublot », presque aussi grosse que mon petit orteil gauche qu'elle encerclait ! Une image me vint à ce moment-là, un clin d'œil à Tintin, dans un album où Milou porte un scaphandre sur la lune… Mon orteil ressemblait à ce chien célèbre. Après une énième ascension, devant l'imposante croix rouge, avant cette commune du Gers, la douleur avait été si forte, que j'avais bien failli abandonner. J'avais jeté mes dernières forces pour parvenir jusqu'au gîte pour me reposer et évacuer les mauvaises ondes. Puis, enfin rire de mon état, en constatant l'allure de mon orteil, et en repensant à cette bande dessinée de mon enfance, m'avait finalement redonné vigueur et persévérance, ce soir-là. J'avais même atteint ensuite, une prise de conscience de mes propres ressources et une forme de sérénité en lien à mes capacités de dépassement face aux difficultés et aux souffrances qui devenaient, ainsi, plus relatives.

Nous sommes tous incités à vouloir toujours aller encore un peu plus loin chaque jour, plus en avant trop rapidement, surtout quand les premières étapes se passent bien. Nous voulons gagner du temps pour atteindre au plus vite notre "Saint Graal", et être présents sur les places de la cathédrale au bout du voyage. Cependant, en refusant d'accepter nos seuils variables et propres à chacun, différents, jour après jour, nous nous exposons à des douleurs, telles que des ampoules, non maîtrisées jusqu'à la limite du supportable. D'autres blessures plus graves comme les tendinites par exemple, peuvent également anéantir notre arrivée au bout du voyage. Il est donc important, de temps en temps, de savoir prendre un jour de repos, lorsque nous ressentons la fatigue nous envahir.

Beaucoup de pèlerins se trouvent ainsi stoppés, après avoir avancé trop rapidement durant des jours, et obligés de s'immobiliser un certain temps, voire définitivement. Souvent les tendinites sont la conséquence d'une succession d'efforts particulièrement prolongés et répétitifs, combinés à un manque d'écoute de notre corps et d'hydratation.

Nous oublions parfois, de boire régulièrement tout au long de la journée et de prendre un minimum de courtes pauses tout en retirant nos chaussures afin de permettre à nos pieds de respirer un peu. L'hydratation est essentielle, y compris lorsque le temps est frais, car nous perdons de l'humidité en permanence sans même nous en rendre compte.

Il faut toujours prévoir de l'eau potable à portée de main. En dehors des gourdes, il existe des systèmes de poches d'eau de maximum deux litres permettant de s'hydrater facilement à tout moment. Cela a été finalement pour ma part, la meilleure option après ma première expérience sur le Camino.

En France, un peu moins en Espagne ou au Portugal, l'eau potable ne manque pas sur le Chemin, comme dans les cimetières par exemple. Plutôt que de partir avec six litres d'eau à porter, il vaut mieux recharger en cas de besoin dans les villages traversés. Et si jamais nous en manquons, nous pouvons toujours bénéficier de l'accueil chaleureux et improvisé des hôtes sur la route. Il ne s'agit pas d'entrer dans les propriétés sans invitation, mais en demandant poliment, rien ne nous est refusé, au contraire. Les hôtes se font même une joie de nous offrir avec le plein d'eau, un café, un petit gâteau ou un fruit pour repartir encore plus fort, revitalisé. Ces échanges cordiaux nous redonnent le moral, d'autant plus, lorsque l'étape est difficile ou plus longue que prévue.

Nous devons bien garder à l'esprit que nous apprenons en marchant, pour les étapes suivantes ou pour les voyages futurs. Nous apprenons donc à nos dépens, de nos erreurs et réajustons. Nous réalisons également très vite, l'importance des bâtons dans les montées et dans les descentes. Ces derniers nous aident à réduire nos dépenses énergétiques en les utilisant correctement. Ainsi, utiliser deux bourdons permet également de maintenir l'équilibre entre nos deux jambes, tout en gagnant à chaque pas quelques centimètres, sans effort, s'en sans rendre compte, et qui finalement, réduisent notre nombre de pas journaliers. De plus, le fait de pousser sur nos bras nous permet aussi de nous redresser pour éviter de trop solliciter notre dos déjà alourdi par le sac. Un moyen aussi de se renforcer physiquement, de se muscler au fur et à mesure de notre périple. Le bâton ne sert donc pas simplement à écarter de nos mollets, quelques chiens trop entreprenants ou éviter, dans les hautes herbes, quelques rencontres désagréables pour rejoindre sereinement l'hébergement pour la nuit.

Au sujet des habitants hostiles ou autres rencontres de ce genre, j'ai souvent entendu des bruits très proches de moi... Hommes ? Bêtes ? J'ai croisé également des serpents, vivants ou morts, sans forcément savoir s'ils étaient venimeux ou pas ! Pour les vivants, nous sommes que de passage sur leur territoire, des visiteurs temporaires en ces lieux, alors avec respect, j'ai souvent patienté avant de passer mon chemin. Là encore, attendre que ces derniers vaquent à leurs occupations quotidiennes, fut la meilleure option pour moi. Néanmoins il m'est arrivé une fois, sur le Camino d'Arles, d'avoir été très entouré et frôlé par ces occupants à sang froid, sans désirer davantage traîner dans le coin… Finalement, mis à part les moustiques forestiers et aquatiques, présents dans les sous-bois et les points d'eau, toujours très enclins à me déguster car très friands de ma chair, je n'ai pas eu de véritables soucis. En raison de leur agressivité, les chiens errants m'ont souvent fait peur, mais sans dégâts corporels, et notamment grâce aux bâtons les maintenant à distance des mollets. Les bourdons ont donc de nombreuses fonctions comme déjà mentionné ! Nous devenons vite experts à les utiliser pour diverses tâches…

J'ai échappé également aux punaises de lits, véritables « bourreaux » des pèlerins souvent malheureusement très présentes, à en juger l'état de certains mollets ou bras en proie à leur voracité. Ces petits parasites de l'homme sont la hantise des marcheurs comme des hébergeurs. Un gîte peut être très rapidement infesté et là c'est un cauchemar pour s'en débarrasser. A ce propos, ne vous offusquez pas lorsque dans un gîte, on vous demande de laisser votre sac dans la cour ou sous un préau, de ne prendre que l'essentiel pour la nuit, près de votre lit dans le dortoir. Votre sac sera maintenu isolé, puis aspergé d'un produit antiparasite, avant d'être placé parfois dans un grand sac plastique comme cela a été le cas pour moi à l'abbaye du beau village Aveyronnais de Conques, agrippé sur le flanc d'une colline ! D'ailleurs il est judicieux de prévoir dans son sac à dos, une petite bouteille avec ce type de produits pour votre linge et votre corps, une sécurité pas des moindres contre ces « habitants » de toutes sortes. Je ne sais pas si c'est cela qui m'a permis d'y échapper ou si j'ai simplement eu de la chance. Alors voilà quelques grammes supplémentaires qui s'ajoutent encore.

En ce qui concerne les autres rencontres, il y a eu un grand nombre de chats de toutes sortes, de lézards, de fourmis, chenilles, de chevaux, d'ânes, de vaches, de moutons, de chèvres, brebis, taureaux, cerfs, coqs, poules, oiseaux… À vrai dire, l'on rencontre tout ce que la nature peut offrir, animaux, insectes, végétaux, arbres, champignons divers, fleurs et feuillages magnifiques, changeant en fonction de l'heure et de la lumière, ou encore de la saison. Ils sont tous nos éphémères compagnons de voyage.

Aussi pour compléter l'équipement du parfait pèlerin, n'oublions pas bien sûr, le chapeau indispensable, à la fois pour nous abriter du soleil et de la pluie légère, du vent de face, mais également de toutes sortes de petits insectes ou autres, lorsqu'ils nous tombent sur la tête. Associé à un châle léger autour du cou toujours très utile, pour nous protéger du vent froid et des brûlures du soleil, et que nous pouvons également humidifier dans les ruisseaux lorsque la température devient caniculaire.

Autre élément essentiel : le pantalon long avec des bas escamotables pour faciliter le lavage lorsqu'ils sont envahis par la boue, ce qui arrive bien plus souvent que prévu.

Chaque fois que nous le pouvons, il est précieux de favoriser les petites quantités afin de s'alléger et ne pas s'encombrer, et si besoin, racheter le nécessaire sur la route, au cas par cas.

Étant donné que nous ne pouvons pas emporter beaucoup d'habits lorsque l'on porte son sac, il faut donc pouvoir laver ses affaires très souvent, avec un savon qui sert pour tout, et repartir le lendemain avec des vêtements et sous-vêtements relativement propres et secs. Certes, inévitablement « on ne sent plus la rose » après les premiers efforts sur les sentiers, nos propres odeurs et transpirations se mélangent à celles des vêtements humides, s'ils n'ont pas suffisamment séché, la veille au gîte. Il est également important d'isoler au mieux dans son sac, la tenue que l'on garde pour le soir après la douche, afin qu'elle ne soit pas trop imprégnée de notre transpiration de la journée pouvant se transmettre par simple contact avec la poche extérieure du sac, collée à notre dos pendant les heures de marche.

Il est indispensable de répartir correctement tout le matériel dans son sac, en respectant l'équilibre déjà évoqué, afin d'éviter d'avoir un côté plus lourd que l'autre, tellement gênant en marchant.

Souvent les problèmes de dos ou d'épaules viennent de ces déséquilibres et de la pression du sac. Tout comme utiliser des vêtements et sous-vêtements confortables, dans lesquels nous sommes à l'aise, permet de limiter les frottements qui vont se répéter des milliers de fois au cours d'une même journée. Bien isoler également du reste de ses affaires, son « sac à viande » en soie ultra fin. Sur certains voyages, j'en ai même pris deux, ce qui m'a permis de les doubler en cas de froid ou absence de couverture dans certains refuges et gîtes. Ils sont pour ma part idéals, beaucoup moins encombrants et bien plus légers qu'un sac de couchage classique.

Voilà ce qui me tient à cœur de vous partager, en ce qui concerne le matériel depuis mes sobres expériences.

Bien sûr, chacun est libre de décider ce qu'il emporte, tout en sachant que tout ce qu'il ajoute dans son sac, sera une charge supplémentaire sur son dos. Il est donc majeur de bien trier ses affaires et d'être sûr de leur réelle utilité.

Nous ne partons pas dans un pays où rien ne peut être acheté en cours de route, même si parfois il faudra attendre un peu et être patient plus que d'accoutumé. Pour un départ du Puy-en-Velay par exemple, comme j'ai pu le faire moi-même, environ la moitié du Camino est en France et l'autre moitié en Espagne.

Une seule exception à mon sens, concerne certains médicaments essentiels à emporter, pour faire face notamment à de petits désagréments possibles, mais là encore, il est préférable de ne prendre que quelques comprimés, sachets ou pilules sans s'encombrer des boîtes entières. Idem pour les pansements, le répulsif précédemment évoqué et le mini-tube de crème contre les coups de soleil, en fonction de la saison et période du départ.

Ensuite sur le Camino, les échanges avec d'autres pèlerins permettent de remédier aux petits manques passagers, tout comme les hôtes nous dépannent régulièrement lors des étapes dans les gîtes. Ou encore nous indiquent comment trouver ce dont nous avons besoin.

Un petit carnet et stylo sont également des essentiels, ne serait-ce que pour dessiner, prendre des notes, « encrer » des souvenirs. Bien sûr le téléphone portable a maintenant de multiples fonctions mais personnellement je reste très attaché au papier. Autres documents à ne pas oublier en particulier, la pièce d'identité, d'autant plus qu'en Espagne, elle est demandée systématiquement dans tous les hébergements.

Ainsi que le carnet de route, « la crédenciale » ou carnet du pèlerin, qu'il fera tamponner au fil des étapes, dans les lieux qu'il traverse, attestant ainsi les points de passage quotidiens. Elle est également très utile en Espagne, pour avoir accès à certains lieux d'hébergements et prix avantageux pour dîner.

De plus, elle permet à l'arrivée du pèlerinage, d'obtenir la Compostela, un diplôme certifiant le chemin effectué. C'est un document que l'on gardera précieusement avec notre crédenciale, en souvenir de nos étapes. Bien entendu tous ne viendront pas le chercher, et je le comprends bien. Tous n'ont pas besoin de posséder un document pour leur rappeler leur voyage. Et pour ceux qui ont choisi d'en emporter une lors du départ, la crédenciale souvent, leur suffit. Nous devons aussi comprendre et respecter l'aspect religieux de la démarche car certains pèlerins, réticents au départ, vis-à-vis de ce cérémonial, décideront parfois de l'adopter en cours de route.

Voilà ainsi notre pèlerin prêt pour son premier grand saut vers Compostelle, enfin presque ! Il ne lui reste plus qu'à découper les étapes, en pas journaliers, ses propres futurs pas !

7. Avant le départ encore et encore !

"Voyager, c'est partir à la découverte de l'autre. Et le premier inconnu à découvrir, c'est vous."
(Oliver Follmi)

C'est vous qui devez décider de votre rythme. Il est donc important d'établir des étapes qui vous conviennent. Les guides donnent d'excellentes indications sur les tronçons classiques mais rien ne vous empêche de les modifier selon vos ressentis et conditions physiques, en réajustant si l'étape vous semble trop longue ou trop courte.

L'envie par exemple de rallier à une date précise le bout du voyage, vous pousse en avant et peut vous inciter à modifier certaines étapes. Quelquefois, cela est aussi grâce à l'expérience acquise si ce n'est pas le premier voyage, ou selon les conseils d'un autre pèlerin qui peut vous aider à mieux préparer vos propres pas.

Cependant, il est nécessaire de rester vigilant et ne pas surestimer nos capacités, surtout si nous optons d'entreprendre le pèlerinage en portant nous-mêmes, chaque jour, notre sac. Certaines étapes ont des dénivelés importants et après plusieurs jours de marche cela peut être physiquement très éprouvant. Nous devons protéger et ménager notre corps afin de parvenir jusqu'au bout de notre pèlerinage.

Certes beaucoup de livres toujours utiles, existent sur la préparation, tant du matériel que des étapes avec de nombreux détails sur l'itinéraire, comme les points de restauration ou d'eau potable et les lieux des divers hébergements possibles. En outre, cela est aujourd'hui complété aussi par une multitude d'informations sur les réseaux sociaux même si elles sont, parfois, contradictoires. Il faut savoir trier ou avoir un contact direct avec des associations jacquaires présentes sur tout notre territoire pour confirmer certaines indications

Pour ma part, par hasard, j'ai eu la chance de rencontrer en pleine préparation, une femme exceptionnelle lors d'un voyage en train… J'écris « par hasard », peut-être sans hasard, par chance justement, je devrais même dire « par destin », car quelle était la probabilité de se rencontrer ainsi, se retrouver côte à côte dans ce wagon, alors qu'elle préparait elle-même un voyage vers Jérusalem ?! C'est au moment de ma préparation, où je me posais le plus de questions, toutes celles qui surgissent à un quidam citadin voulant marcher vers Santiago de Compostela, sans n'avoir jamais randonné... M'apercevant qu'elle écrivait un itinéraire, je n'ai pu m'empêcher par curiosité, de saisir l'opportunité de lui demander si elle préparait des étapes pour aller à Saint-Jacques ? Tout en souriant elle me répondit :« Compostelle, c'est déjà fait ! »

Ce moment particulier, presque magique, m'a permis d'avancer sur ma route personnelle, mon propre sentier. Elle reste ma « sœur » du Chemin, m'ayant fait entrevoir le passage d'un relais initiatique !

Ainsi, le matériel est fin prêt et les étapes se dessinent au fur et à mesure. Il reste encore à trouver des lieux et hébergements pour les nuits. Chacun choisira à sa guise soit de planifier cela bien à l'avance, soit au contraire, au dernier moment. Car laisser faire le chemin au gré de notre route est aussi une option, rejoignant un peu celle du bivouac. Les types de refuges pour se reposer sont divers et nombreux. En France, mis à part quelques endroits plus compliqués par manque de place, j'ai finalement toujours trouvé des solutions facilement. Bien entendu, il faut être prêt à passer la nuit quelquefois dans une grange ou dans la salle d'attente d'un cabinet vétérinaire, comme ce fut le cas pour moi à Nasbinals. Les Jacquets sont accueillis aussi par les abbayes chrétiennes comme c'est le cas à l'incontournable Abbatiale Sainte-Foy de Conques, un joyau de l'art roman, mémorable par ses vitraux de Soulages, son trésor et son magnifique tympan du Jugement Dernier qui se dévoile au soleil couchant… La communauté des frères de l'ordre des Prémontrés nous accueille avec simplicité et le concert d'orgue est un moment inoubliable. Personne, parmi ceux qui passent là, ne peut oublier ce lieu, pour toujours, ancré dans nos mémoires.

Les mairies, les offices du tourisme quand il y en a, et les églises peuvent aussi nous aider, il faut simplement noter les jours fériés et horaires d'ouverture pour ne pas trouver porte close. Il existe également des « donativo », des refuges souvent privés tenus par des couples ou des familles, qui nous reçoivent humblement chez eux pour dîner et occuper un lit pour la nuit. En repartant le lendemain matin, nous pouvons leur laisser une contribution financière, libre et consciente pour cet accueil « chrétien », en fonction des moyens pécuniaires de chacun. Ces hébergements sont une entraide essentielle à la notion de partage sur le Chemin et j'ai eu la chance de "communier" avec eux, dès le début sans m'y attendre.

Parfois, nous pouvons avoir eu froid et avoir mal dormi en fonction du confort, ou a contrario découvrir et bénéficier de lieux formidables, mais dans tous les cas, nous devons remercier ces hébergeurs de tous bords, toujours prêts à nous aider et faire vivre ces voies ! Bien entendu, nous ne sommes jamais à l'abri d'imprévus, mais il est important de rester conscient du dévouement de ces hommes et de ces femmes volontaires, engagés dans la gestion de ce travail au quotidien, et quelles que soient les saisons. Certains gîtes sont aussi administrés par des hospitaliers bénévoles qui sont souvent eux-mêmes d'anciens pèlerins.

Dans les gîtes, il faut réapprendre la vie en communauté dans des espaces souvent étroits, et s'accommoder par exemple des « ronfleurs ». Ils font partie du voyage et nous pouvons tous l'être nous-mêmes, à certains moments. Néanmoins par expérience, il est judicieux de prévoir des « bouchons » d'oreilles utiles à notre bien-être physique et récupérateur pour nos lendemains.

L'important est de se sentir bien dans ces environnements, les lieux qui nous hébergent, nos hôtes et autres voyageurs qui nous entourent, pour repartir en pleine forme le matin suivant.

Car le Chemin, c'est la vie ! Il y a ainsi, à la levée du nouveau jour qui s'en vient, des moments magnifiques de joie et d'extase, face au rougissement fascinant du ciel sur la ligne de crête d'une montagne où ce champ vif de coquelicots se confond à l'azur. Un vol d'oiseaux, au-dessus des falaises, puis rasant des ravins, pour revenir aux sommets, nous offre toute la beauté de la terre dans leurs battements d'ailes et leurs chants vibrants, qui résonnent telle une symphonie céleste, prête à achever d'émerveillement nos esprits ébahis. Nous sommes les spectateurs d'un éphémère et divin ballet, d'une comédie musicale unique, d'une grâce inoubliable.

Et puis il y a aussi ces instants de désespérance, lorsque trempés jusqu'aux os sous un vent violent, transis de froid, les pieds « en compote », boueux dans la montée d'un col, égarés, nous tentons de retrouver en vain la bonne direction pour atteindre le gîte, toujours trop loin. La pluie parfois tombe depuis le matin sans relâche et a mis notre corps et notre moral à rude épreuve. La dernière heure de marche reste toujours interminable. Ces derniers kilomètres sont souvent les plus difficiles, et peu importe la longueur de l'étape.

Dans ces moments-là, nous replongeons dans notre esprit, et le spectacle envoûtant des oiseaux volant au-dessus des vallées, des forêts, des clairières et des sous-bois renaît en nous. La joie de la veille vient raviver notre âme alors que nous atteignons enfin le gîte ! Le sourire de l'hôte et ses quelques mots réconfortants, nous offrent un nouvel espoir. La présence d'autres pèlerins dans le même état que nous, et pourtant heureux d'être là, illuminent de nouveau notre monde. Voilà une agréable soirée qui se prépare, et si de surcroît, nous ressentons que le dîner sera simple et cuisiné avec l'envie de faire plaisir, alors nous sommes « aux anges ».

Les anges, justement, je crois sincèrement qu'ils veillent constamment sur moi, de même que ma bonne étoile. J'ignore si elle-même est de Compostelle, mais naturellement elle doit être étroitement liée à Saint-Jacques, étant donné le nombre de fois où elle m'a protégé et aidé à trouver ma route. Notre étoile ! Nous en possédons tous une en nous, il nous faut la découvrir, la faire grandir pour, un jour la tutoyer…

Est-ce grâce à elle, que j'ai été incité à découper mes étapes d'une telle manière qui m'aiderait le mieux ? Fort probablement ! Quoi qu'il en soit, il est crucial de bien préparer cet élément important, et d'autant plus si nous décidons d'effectuer le voyage à plusieurs. S'adapter à ceux qui marcheront avec nous, à leur besoin de bien-être et bien les connaître pour ne pas à être surpris en les découvrant vraiment hors de leur zone de confort, est essentiel afin d'éviter de nouvelles difficultés !

J'ai pu constater l'état de certaines personnes, au bout de quelques jours de marche. Mon désir de marcher seul s'est souvent renforcé dans ces moments-là. Cependant, c'est à chacun de décider ce qui lui convient le mieux. Pour d'autres, cela leur permet de renforcer l'harmonie entre eux, et tant mieux si c'est le cas, mais je ne suis pas certain que cela le soit systématiquement…

Les rencontres avec d'autres pèlerins sur le chemin se font et se défont sans devoir quoi que ce soit à l'autre. Nous sommes là pour nous aider si nécessaire, tout en laissant la liberté à chacun de vivre sa propre expérience.

Bien souvent, nos rencontres sont fugaces mais riches. Les échanges sont intenses et empreints de complicité, notamment lorsque nous évoquons nos étapes précédentes. Nous vivons le même voyage à quelques minutes ou parfois à quelques heures d'intervalle, voire simultanément. Ainsi, nous partageons des expériences similaires liées à notre quotidien. Nous ne percevons plus l'actualité de la même manière. Les réelles informations se bornent au Camino, loin des chaînes de télévision, radios, médias sociaux... et leurs déferlements de mauvaises nouvelles en continu !

Nous vivons au jour le jour, et très rapidement la notion de date ou de temps disparaît. Nos journées sont rythmées par des périodes de marche, de repos, de découvertes de nouveaux paysages, d'animaux et de rencontres occasionnelles et fortuites avec d'autres êtres humains. D'ailleurs la préciosité de celles-ci, les rend souvent inoubliables. Nous n'existons qu'à quatre kilomètres à l'heure dans l'instant. Lorsque nous sommes plongés dans nos vies trépidantes, pressées, stressées, nous oublions de prendre conscience des distances parcourues en avion, en voiture, en métro ou même parfois à vélo électrique. Avec nos moyens actuels de locomotions, cette donnée kilométrique ne nous intéresse que très peu. La vitesse chasse, à toute allure, la beauté du paysage qui ne nous concerne plus, car ce qui nous importe désormais, c'est uniquement l'heure à laquelle nous arriverons à destination, sans le moins de retard possible. Nous cherchons à aller toujours plus vite, allant même jusqu'à indiquer l'heure exacte d'arrivée à nos proches ou amis, grâce à la précision de nos GPS.

Quelquefois, nous ressentons cette volonté en nous à supplanter le temps, rattraper ou dépasser l'heure d'arrivée prévue par la machine, comme si nous luttions contre le temps lui-même !

Souvent à la fin d'une étape approchant, lorsque je m'égare sur des sentiers, ou tout au moins lorsque je ne suis pas sûr d'être sur le bon, fatigué, je hèle une voiture sur la route de campagne ou j'interroge encore un villageois dans son jardin. Je leur demande de m'indiquer la bonne direction et si ma destination est encore loin. La réponse est presque toujours la même :

« Oui, ce n'est pas très loin, cinq ou six kilomètres pas plus… »

Pour moi, cela signifie encore une heure trente de marche ! Il vaut mieux alors posséder un moral d'acier, d'autant plus si la pluie nous inonde depuis le matin et que les pistes à suivre se sont transformées en rigoles et ruisseaux boueux…

Tout cela fait également partie de notre préparation, une préparation mentale pour garder le moral en toutes circonstances et abandonner nos vieilles habitudes. Nous savons pertinemment qu'il y aura des moments difficiles, il est donc essentiel de s'y préparer et de mettre toutes les chances de notre côté pour mener à bien ce voyage si particulier, ce parcours initiatique.

Une fois le matériel prêt et les étapes pratiquement définies, il reste à convaincre notre corps et notre esprit.

Quant au corps, j'étais assez confiant avant mon premier départ. Je n'ai jamais cessé de pratiquer du sport, ce qui a été pour moi, un avantage. Néanmoins, comme je l'ai mentionné précédemment, j'ai pu rencontrer des pèlerins sans entraînement, ni forcément très athlétiques, voire parfois avec des surcharges pondérales, marcher chaque jour, en moyenne six à huit heures d'affilée en direction de Santiago. Ils augmentaient progressivement le nombre de kilomètres parcourus par jour, affinant ainsi leur silhouette, gagnant même des trous de ceinture afin de resserrer leur pantalon devenu un peu plus large, semaine après semaine… La marche est l'un des meilleurs moyens de perdre du poids, sans vraiment s'en rendre compte et sans contrainte alimentaire spécifique. Le gain de muscles pour certains, fait partie intégrante du voyage sans avoir à soulever de la fonte dans une salle de sport. D'autres, en revanche plus affûtés ne seront pas forcément au rendez-vous à la cathédrale. Ils n'auront pas trouvé la motivation nécessaire ou auront besoin de revenir ultérieurement en étant mieux préparés moralement.

L'esprit justement quant à lui, c'est souvent une autre affaire ! Une fois que nous sommes parvenus à nous détacher, voire abandonner si difficilement les éléments matériels de notre vie quotidienne, nous sommes prêts spirituellement à quitter la routine. La quitter et partir, en laissant derrière soi ses responsabilités, paraît soudain être une vraie liberté, et il nous tarde de le faire. Nous nous assurons d'avoir tout bordé, autant sur les plans, professionnel que personnel.

Tout est prêt pour le départ, souvent même trois jours avant, et pour moi cette attente avant de m'élancer réellement, m'a semblé durer une éternité, enfermé dans un enclos… Je l'ai vécu un peu comme les cinq dernières minutes dans un sas avant le top départ d'une course à pied, alors que tous les athlètes sont encore eux aussi, parqués.

Néanmoins, c'est bien dans ces moments-là que nous repensons à chaque détail qui nous a conduit jusqu'ici, devant ce que nous sommes sur le point de réaliser. Avons-nous vraiment tout mis en place pour réussir ? Un peu comme en athlétisme, lorsque dans les starting-blocks d'une course du 100 mètres, sous les ordres du starter, nous concentrons toute notre attention sur le « à vos marques, prêts », afin de sortir le plus rapidement possible de cette posture immobile, aussitôt que le coup de feu retentit, en évitant le faux départ. La tension est toujours présente lorsque nous réalisons pour la première fois une action qui nous sort de notre ordinaire. L'envie de réussir, de faire de son mieux pour nous-même, mais aussi pour ceux qui nous entourent, est primordiale. On le leur doit bien. Ils ont souvent participé à la préparation et ont dû supporter nos états d'âme.

Nos vies sont souvent tellement bien organisées et déterminées, que nous nous opposons à ces changements sans même nous en rendre compte. Je me suis senti moi-même égoïste, à l'idée de quitter mes proches pour partir..., où d'ailleurs, et pourquoi en vérité ?

Je pense encore à eux, les jours précédant mon départ, je les aime tant. Leur présence est essentielle et me renforce. L'éloignement à venir m'offre un particulier et beau sentiment de proximité, que je redécouvre...

Nous vérifions encore, et revérifions, que nous avons bien tout le matériel nécessaire, nous pesons de nouveau notre sac, nous relisons les étapes et les informations du guide. Sur le plan professionnel, au bureau, vis-à-vis des collaborateurs, collègues et associés, nous faisons en sorte que tout soit prêt également pour pallier notre absence.

Et puis au-delà, il y a le regard de mes semblables. Certains ne comprennent pas ce qu'est le Chemin. Ils posent des questions et nous y répondons du mieux que nous pouvons car nous-mêmes, nous n'avons pas toujours les réponses à leurs interrogations.

D'autres encore nous dévisagent étrangement, quand certains ne disent rien, ou juste un :

« Ah bon ! » que j'entends et interprète comme :

« Mais qu'est-ce qui ne va pas pour vouloir partir ainsi et laisser les siens ? Pourquoi fait-il cela en réalité… ? »

Nous sommes souvent surpris par ces réactions et parfois nous nous demandons, si au fond, ce ne sont pas eux qui ont raison. Qu'est ce qui ne marche pas en nous ? Qu'est-ce qui nous fait fonctionner différemment ? Je compare souvent cela à un parcours du combattant, résistant à son environnement, afin de ne pas se laisser influencer négativement, voire abandonner même l'idée de partir. Il y a ces fils barbelés, souvent électrifiés, qui nous obligent à rester à notre place et à ne jamais quitter le "pré carré", ce champ qui nous a été assigné. Heureusement d'autres personnes a contrario, nous encouragent, souvent les plus ouverts, et sincèrement heureux pour nous, de nous voir réaliser nos désirs. « Tu fais ce qui te fait plaisir, c'est génial, enfin tu t'occupes de toi ! » Ces paroles bienveillantes nous réconfortent profondément, et quand bien même nous ne disons rien, au fond de nous, nous les remercions d'exister et d'être ainsi.

Certains d'ailleurs, à un moment donné, accompliront également leurs propres aspirations, une émancipation à leur niveau, quand d'autres entreprendront le Chemin de Compostelle après m'avoir vu le parcourir… C'est toujours un grand moment de satisfaction pour moi d'avoir peut-être, contribué humblement, à l'édifice de leur propre passage vers la rive opposée. Chacun de nous doit fabriquer son propre pont, construire sa passerelle, pour poursuivre le voyage vers soi-même en franchissant le Rubicon. *

C'est un réel bonheur de les voir enfin accomplir ce qu'ils désiraient tant sans avoir oser le révéler jusque-là, et qu'ils concrétisent enfin.

Être un simple trait d'union est déjà un symbole important. Il faut rester à l'écoute de ces signes pour tourner les pages de notre vie.

---

* L'expression « franchir le Rubicon » nous vient du petit fleuve entre l'Italie et la Gaule Cisalpine qu'il était jadis interdit de passer à la tête d'une armée et que César franchit avec ses troupes. Franchir, passer le Rubicon, c'est prendre la responsabilité d'une décision hasardeuse et irrévocable

Ces lignes s'adressent à tous, afin de susciter le désir de partir un beau matin, de laisser un peu de côté son quotidien, comme une respiration bien méritée après des années de labeur. Oser franchir le seuil de sa porte, entamer le premier pas et mettre le reste sur pause.

Ainsi mes sentiments, juste avant le départ, sont contradictoires. Coupable de laisser les miens et en même temps conscient que le renoncement n'existe plus, que ce voyage est désormais devenu partie prenante de ma vie. Nous rencontrons ainsi tant de difficultés à quitter la voie qui nous a été tracée par nos existences, avec tous ces liens, ces fils à la patte, qui nous empêchent souvent de sortir de l'autoroute de nos réalités bien réglées et programmées. Certains renoncent à quitter cette voie rapide si rassurante, qui nous conduit toujours plus en avant, toujours un peu plus loin. Mais où nous mène-t-elle réellement ?

J'entends souvent dire en parlant du Chemin :

« Je le ferai bien à la retraite ! »

Pour certains ils passent à l'acte, pour d'autres cela ne se fera jamais. Partir est un choix, du moins c'est ce que nous croyons, au départ !

8. Enfin le premier jour du départ

"Comme le premier pas vers le bien est de ne pas faire de mal, le premier pas vers le bonheur est de ne point faire souffrir." *(Jean-Jacques Rousseau)*

Souffrir ? Je ne sais pas si je vais infliger des douleurs importantes à mon corps lors de cette première journée de marche mais je sens que mon esprit est en pleine effervescence. Il est tôt en ce dimanche de la fin du mois de mai, et me voilà remontant vers la cathédrale de la ville encore endormie du Puy-en-Velay.

J'écris « remontant », car hier encore en fin d'après-midi, nous faisions ensemble ce petit tronçon du bas de la ville du Puy-en-Velay jusqu'à la cathédrale, avec ma femme et ma fille. Nous avons visité ce magnifique espace entre ciel et terre dans la vieille ville, repérant la statue de Saint-Jacques et admirant la Vierge noire, ainsi que toute l'architecture et les richesses artistiques présentes en ce lieu.

J'ai enregistré mon départ dans la petite salle où les pèlerins annoncent être prêts à cheminer. L'heure de la messe de bénédiction m'est indiquée, en ce lieu de départ où des femmes et des hommes marcheront comme moi, ce dimanche matin. Je récupère également ma crédenciale, le précieux passeport si particulier, à faire tamponner chaque jour jusqu'à l'ultime étape finale à l'arrivée de Compostelle ! Mais à vrai dire cela me paraît loin et peu important à ce moment-là. Je suis plutôt dans l'instant présent, imaginant tout au plus l'étape du lendemain, en me demandant surtout si je la terminerais et, dans quel état je serais pour repartir le jour suivant, puis le surlendemain, et les jours d'après.

Nous avons donc suivi les rues de ce début du chemin pour quitter la ville. Tous les nombreux signes, flèches et indications kilométriques, entretenus le long du Camino par des associations jacquaires et leurs bénévoles, restent rassurants. C'est grâce à eux que les voies sont remises en état régulièrement, nous permettant ainsi de nous orienter sans nous égarer.

Cependant en cette fin de journée, alors que la lumière s'affaiblit déjà, je ne suis plus très attentif, tout ce qui m'entoure me semble éloigné comme si un voile sur mes yeux obscurcissait ma vision et m'empêchait d'apprécier ces tout premiers pas. Je me sens un peu absent en suivant les ruelles et les escaliers qui nous font redescendre de la cathédrale vers l'hôtel où nous dormirons, au bas de la ville.

Oui, rester ensemble pour cette dernière soirée et savourer chaque instant avant le départ me semblait être une obligation. Un rituel essentiel pour demeurer près de mes proches, avant d'entamer ce voyage si particulier et me sentir rassuré à leur côté. Une manière également de les associer encore davantage à ce Chemin, car ils en font partie et ils comptent tant. Ils représentent pour moi le symbole d'une rupture avec le temps passé à ne gérer que le quotidien. Enfin, je vais m'occuper de ma personne, je vais partir seul sans vraiment savoir quelle sera la réalité de ces premiers jours sur le Camino ! Je ressens cette contradiction, le paradoxe entre prendre soin de ma personne et la fatigue évidente, que je perçois déjà au travers ces longues journées de marche à venir.

Je crains d'être déçu par ce voyage ou pas assez armé, pas suffisamment préparé pour l'accomplir. À la fois physiquement, avec ce sac à dos qui me semble déjà si lourd en montant dans la chambre de l'hôtel, mais aussi mentalement, pour entreprendre de marcher seul pendant des jours loin de mes repères habituels. Devoir avancer quels que soient le temps, le dénivelé et les différents sols sous mes pieds, trop fatigués ou meurtris. Répéter les pas pendant des heures chaque jour en traversant des lieux inconnus. Ne serait-ce pas une pure folie qui m'épuisera rapidement avec une envie de rentrer chez moi, retrouver les miens et mes habitudes, loin de cette voie empruntée par de véritables pèlerins, de vrais marcheurs auxquels je n'appartiens probablement pas ?

Sortir du cadre de référence de nos vies, de notre zone de confort, voilà ce qui se trouve d'un côté de la balance, mais cela semble si léger, presque insignifiant face à tout le poids du reste de nos existences. Nous sommes écrasés par le fardeau de nos vies bien réglées, avec le poids des institutions et de notre éducation telle une chape de plomb. Ne sommes-nous pas là, simplement réduits à travailler pour offrir à nos familles le confort attendu dans une société de plus en plus exigeante à tout point de vue ?

Nos petites personnes ont-elles le droit d'exister en tant qu'individu, de vivre l'instant présent en sortant des lignes de vies, tracées pour nous ? Et une fois la retraite arrivée, nos enfants en sécurité et à l'abri, devons-nous leur transmettre le flambeau avec ces mêmes certitudes pour qu'eux aussi donnent le meilleur à leur tour, aux générations à venir ? Quant à nous, nous glisserons doucement vers autre chose en fonction du temps qu'il nous restera sur terre, essayant d'en profiter encore, économiquement et physiquement, tant que nous le pourrons...

Après notre départ de cette vie terrestre, on dira de nous que nous avons fait de notre mieux pour les nôtres ! Mais le mieux, n'est-il pas l'ennemi du bien ? Notre propre existence, nos véritables désirs ne sont-ils pas balayés par une société conformiste qui nous dicte le bien-pensant ? Ces doutes m'envahissent, entre une prise de conscience encore fugitive et une appréhension d'être dans l'erreur, à propos de ce voyage. Un déséquilibre encore dans la balance !

Toutes ces réflexions sur le fait de n'être, en même temps, ni à la hauteur face à ce défi, ni dans le vrai concernant mes convictions existentielles, m'ont remué. Les tourments m'ont envahi cette nuit-là. Oui, souffrir a peut-être déjà commencé.

Je me souviens peu de nos échanges au dîner avec mon épouse, comme si j'étais déjà en marche depuis longtemps, et en même temps, j'en prenais soudain conscience à l'occasion de cette semaine d'anniversaire de mariage et de la fête des mères ! Toutes mes craintes, mes doutes, sur le fait de ne pas être prêt juste avant de partir, étaient très forts, comme une douleur lointaine et oubliée qui ressurgissait. Cela m'a convaincu de ne pas revenir à la cathédrale le lendemain matin, puisque le Camino passait près de l'hôtel sur le bas de la ville. Ce n'était plus nécessaire de revenir jusque-là, uniquement pour la bénédiction des pèlerins. À quoi cela servirait-il concrètement, si ce n'est de rajouter des kilomètres et de la fatigue inutile à cette étape déjà très longue, pour une première journée de marche...

Cependant la nuit a été agitée, ai-je rêvé que le voyage commençait lors de la bénédiction des pèlerins à la cathédrale ? Je ne sais plus vraiment. Mais à mon réveil très tôt, j'ai compris qu'il serait important pour moi de partir de là-haut, et qu'il était essentiel d'être présent à la messe des pèlerins en ce dimanche matin, avec tous ces hommes et ces femmes qui allaient cheminer. Je me suis donc levé plus tôt que prévu, je ne dormais plus d'ailleurs depuis longtemps et j'ai pris mon petit-déjeuner seul. Personne dans la salle à manger de l'hôtel, ma femme et ma fille dormaient encore dans la chambre. Être seul au petit-déjeuner m'a fait du bien, et m'a permis de me préparer à partir. C'est un isolement nécessaire, un ultime moment de sérénité. J'en ai profité pour prendre avec moi des morceaux de pain et de fromage pour le déjeuner, ainsi qu'une viennoiserie que je n'avais pas consommée sur mon plateau. Cela deviendra un rituel sur certaines étapes quand je les ressentirai difficiles... De retour dans la chambre, j'embrassai mes proches une dernière fois. Il ne fallait pas que ce moment dure trop longtemps pour ne pas me déstabiliser. L'éloignement offre cette proximité permanente...

Mon sac, vérifié à maintes reprises, est sur mon dos, mon chapeau sur ma tête, mon châle blanc autour de mon cou, mon bourdon à la main, mes chaussures presque neuves, mais bien préparées depuis plusieurs mois, sont bien lacées. Je les ai portées autant que possible dans ma vie quotidienne pour m'y habituer. Bizarre d'agir comme si je devais effectuer une compétition, bien éloigné de ce que représente, en réalité, le voyage d'un pèlerin...

Voilà donc l'apprenti pèlerin prêt à retourner sur le lieu officiel du départ, dans son starting-block ! Ce moment reste encore gravé en moi bien des années plus tard. C'est une sorte de transition, un passage intertemporel qui me permet de basculer d'un univers à un autre, ou d'entrer dans un monde parallèle, un espace-temps différent comme dans un film de science-fiction. Me voilà sorti de l'hôtel après un dernier "au revoir, et merci" à la réceptionniste de l'hôtel qui me regarde, étonnée de mon accoutrement. Je suis sûr que les vrais pèlerins ne dorment pas ici. Mais suis-je un véritable pèlerin ? La plupart d'entre eux arrivent la veille de leur départ et dorment dans l'un des très nombreux gîtes proches de la cathédrale, un bon moyen de s'habituer aux conditions futures et de lier connaissance avec les autres jacquets qui pour certains deviendront, des compagnons de voyage, quelquefois, jusqu'à la ville de Saint-Jacques.

Mes premiers pas me font retrouver déjà ces lieux passés hier, mais je ne distingue rien de ce que je traverse vraiment. Les rues sont silencieuses et désertes. Mon esprit est tiraillé entre deux idées très contradictoires : il faut revenir là-haut à la cathédrale, c'est évident, et pourquoi revenir sur mes pas, pour quoi faire ? La journée va être longue, pourquoi ne pas m'économiser cette épreuve, alors que j'ai déjà foulé ces ruelles millénaires hier ?

Je pousse sur mon bâton dans cette montée avec mon sac qui pèse déjà sur mes épaules et mon dos. Il fait encore frais, mais je sais que le soleil va vite me réchauffer, peut-être même trop d'ailleurs. Je sens déjà que mes premiers efforts élèvent ma température interne. Je suis trop habillé et j'ai dû sûrement avoir pris trop de vêtements inutiles. Il va faire très chaud ! Je continue cette ascension en ayant toujours ce dilemme en moi. À quoi cela sert-il réellement d'assister à la messe des pèlerins ? Combien de personnes le feront ? Peut-être ne serai-je que le seul à être là ? Un idiot isolé dans une immense cathédrale déserte, alors que les autres partiront paisiblement un peu plus tard, s'évitant tout ce rituel démodé, d'un autre temps, réservé aux véritables pratiquants ? Je ne suis même pas réellement convaincu que je le fasse par conviction religieuse, je ne suis pas catholique car j'ai été baptisé à la naissance dans la communauté arménienne orthodoxe. Loin de moi toutes ces belles histoires… !

Mais d'un autre côté, quelque chose de plus fort que ma personne me pousse vers le haut, accroché à une corde imaginaire tirée par une force surnaturelle, tel un aimant géant qui m'attire. La même émotion que je ressentirai sur la place de la Cathédrale de Saint-Jacques à mon arrivée… Mais cela bien sûr, je ne le sais pas encore !

Ce conflit en moi entre le bien et le mal, si je peux l'exprimer ainsi, même si l'image n'est pas tout à fait exacte, se poursuit. Plutôt des ondes positives et négatives, avec leur intensité opposée, qui tirent dans des sens toujours inverses, comme des puissances magnétiques diamétralement contraires. Et moi, accroché à cet arc électrique et invisible, j'appuie sur mon bourdon, ce bâton si utile, oubliant pour l'instant, le fardeau sur mon dos. Est-ce cela "L'élan vital", de Bergson, donnant l'intensité à nos sentiments et à nos pensées de se succéder ? La durée est-elle mouvement… ? Je me remémore mes cours de philosophie, ils sont loin et pourtant, me mouvoir ainsi, régénère mon esprit, me pousse et me retient alternativement. Je sais que le déplacement est essentiel pour moissonner ses croyances…

Je fais de mon mieux pour atteindre au plus vite cette cathédrale inaccessible, comme si un grand déluge allait submerger la basse ville, et surtout pour mettre fin à ces tiraillements intérieurs incessants. Se dépêcher pour en finir et partir enfin réellement !

Au loin, je vois la chapelle Saint-Michel d'Aiguilhe sur son rocher, située au sommet, après plus de 260 marches à gravir. Ancienne cheminée volcanique, cette chapelle a été construite vers 960 par l'évêque Godescalc qui, dix ans plus tôt, devenait le premier pèlerin en France, ayant décidé de rejoindre le tombeau de Saint-Jacques, créant ainsi la Via Podiensis, ce nom en latin du premier Chemin partant du Puy-en-Velay et qui demeure toujours la voie française la plus fréquentée, comme déjà indiqué.

Perdu dans mes réflexions en ce lieu mythique, je me retrouve enfin au bas des marches de la cathédrale. Celle-ci, si imposante, si colorée, presque suspendue au-dessus du vide, se trouve en équilibre entre ciel et terre, avec son clocher qui perce l'azur. Ses cloches semblent tellement hautes qu'elles donnent l'impression de pouvoir envoyer leurs sons à l'univers tout entier. La cathédrale date du Moyen Âge avec ses différentes influences orientales, gothiques et romanes, au cœur de la ville sanctuaire.

L'immense statue à l'extérieur, offre un point de vue imprenable sur la Haute-Loire, du haut de ses 262 marches. Voici donc Notre-Dame de France, son enfant dans les bras, statue édifiée sur ce rocher Corneille avec la fonte des canons pris aux russes, lors du siège de Sébastopol.

Du monde entier, des pèlerins et des touristes viennent se recueillir dans cette cathédrale, devant la statue de la Vierge Noire, au-dessus de l'autel, et admirer la Pierre des Fièvres. Les fidèles s'allongeaient sur cette pierre en formulant un vœu, car on dit qu'elle est le lieu des miracles depuis la nuit des temps.

En effet, même avant le premier édifice chrétien, un temple gallo-romain se dressait à cet endroit sacré si magnifique. Ce lieu m'apparaît en parfaite harmonie avec le jour lumineux qui se lève et je comprends mieux les raisons de cet emplacement et cette position stratégiques, choisies il y a déjà si longtemps. L'évêque du Puy décida de construire la première église qui devint une cathédrale après l'an mille. Combien d'hommes et de femmes ont gravi ces marches depuis des temps immémoriaux ? Combien ont ressenti les mêmes doutes, les mêmes incertitudes face à ce voyage ? Certains sont partis en abandonnant tout derrière eux, sans savoir s'ils reviendraient chez eux un jour ou avec la ferme intention de ne jamais revenir... J'essaie de me souvenir de toutes les informations que j'ai lues à propos de cette ville et de tout ce que j'ai vu la veille. Cela me permet de me concentrer sur l'ascension qui m'attend au bas de la rue des Tables et m'aider à gravir les derniers mètres du Mont Anis, où se dresse maintenant la cathédrale, siège d'un ancien volcan.

Devant moi, 134 marches au total, mais à quoi sert vraiment cette montée ? Faut-il s'élever vers le ciel pour atteindre le sacré ? La dimension spirituelle est-elle liée à la nécessité de l'effort ? Je dois ainsi les gravir, avec ce sac qui semble désormais, peser une tonne, je ne l'ai pas oublié très longtemps sur mes épaules semble-t-il... Mais mon esprit s'intéresse à un point bien plus inquiétant, je crois apercevoir les portes de la cathédrale, fermées... Le doute m'envahit, je me suis trompé d'heure ou de jour, il n'y a rien de prévu ce dimanche matin de la fête des mères, c'est sûr ! Je suis en colère contre moi-même d'être si peu prévoyant, j'ai dû mal comprendre hier soir quand j'ai demandé les horaires, étant donné mon état d'absence depuis mon arrivée dans cette ville. Je suis ainsi revenu ici pour rien, persuadé que c'était essentiel d'assister à la prière matinale pour les pèlerins.

D'autres ont sans doute déjà parcouru des kilomètres et ce soir, ils occuperont les places dans les gîtes à Saint-Privat-d'Allier. Et si j'y parviens, ils riront bien de moi, de ma crédulité, lorsque je raconterai mon histoire en cherchant où dormir alors que tous les hébergements seront complets ! Je continue donc à grimper sans m'arrêter, me retranchant dans ma bulle de protection intérieure, avec l'impression de ne pas être seul sur ces marches. Pourtant, je ne vois personne autour de moi et n'entends rien mis à part le souffle de ma respiration et le frottement de mon sac contre mes épaules et mon dos. La chaleur m'envahit, mélange de l'effort en cours et de ma colère intérieure, me rappelant à chaque marche que je suis trop chargé. Avec la buée sur mes lunettes, ma vision est devenue trouble. J'avance seul dans une sorte de brouillard et je ressens un grand vide.

Me voilà sur l'esplanade, le cœur serré d'être monté pour rien. Je ne suis pas en mesure de discerner clairement mon environnement. Cette situation d'incertitude pèse en moi et sur moi, au sens propre comme au sens figuré, mais il me faut vérifier tout de même que je ne me sois pas trompé. Oui, les portes sont bien fermées, mais sur le porche, je vois une flèche qui indique une direction pour accéder à l'intérieur de la cathédrale et soudain c'est l'espoir qui revient !

Pour entrer dans la cathédrale, il est indiqué qu'il faut la contourner par la droite, et pénétrer à l'intérieur par une petite porte sur le côté. Enfin, j'ouvre cette porte, me disant que je vais me retrouver seul ou peut-être avec une dizaine de pèlerins, qui comme moi, ont été piégés par leur crédulité ou leur foi infinie en Dieu ! Comme s'Il avait le temps de s'intéresser à quelques pèlerins égarés, ne sachant pas ce qu'ils viennent chercher ou rechercher ici.

Mais là, oh surprise, ils ne sont pas dix mais plutôt, « plus de deux cents en ce moment à partir », me dira plus tard un hébergeur sur le chemin ! Oui, le nombre de pèlerins est imposant en cette fin mai, et le plus marquant, c'est le regard de ceux que je croise en entrant silencieusement alors que la messe commence. Ce regard est empreint de joie, la joie d'être là, et je peux lire les interrogations dans leurs yeux, les mêmes que les miennes ! Que faisons-nous réellement ici, qu'est ce qui nous conduit à partir, à quitter nos vies confortables pour marcher ainsi des jours et des jours vers des lieux inconnus ? Nous sommes tous vêtus de la même manière, avec nos chapeaux, nos chaussures de marche, nos bâtons, nos shorts... Et nous avons tous le même désir aussi : contempler le tombeau et les reliques de Saint-Jacques ! Peut-être !

Je ne fais aucun bruit, je me glisse silencieusement vers les bancs face au prêtre et la vierge noire. La messe est empreinte d'émotions, les mots sont forts, ils résonnent en moi puissamment, mes yeux se troublent et ce n'est plus à cet instant, la buée sur mes lunettes. Après la fin de la célébration, le prêtre nous rassemble autour de la statue de Saint-Jacques pour échanger sur notre chemin à venir. C'est comme une thérapie de groupe, le fait d'entendre ceux qui s'expriment, expliquant parfois leurs motivations à être là, soulage. Cela résonne et fait écho par moment à nos propres raisons. Certains ne sont pas là pour entamer leur premier Camino, d'autres viennent de loin et ont déjà parcouru plusieurs jours ou semaines de marche, d'autres encore veulent effectuer l'aller-retour à pied, quand certains ne marcheront que quelques jours en groupe ou seuls… Il y a là toute la diversité des pèlerins, semblables aux rencontres de nos vies, femmes, hommes de toutes nationalités. Ici, il n'y a que des êtres qui ont décidé de vivre un moment pour eux-mêmes, sans masque, sans avoir besoin d'exprimer leur origine, ni leur statut social.

J'apprendrai plus tard que 54 % des pèlerins sont des femmes et que 50 % des marcheurs sont seuls. 25 000 personnes sont au départ du Puy par exemple chaque année. Le total des arrivées sur une année à Compostelle, à partir de toutes les voies confondues, dépasse les 300 000 pèlerins avec plus de 150 nationalités différentes venant du monde entier. Ce chiffre doit demeurer en dessous de la réalité, puisqu'il est basé uniquement sur ceux ayant récupéré la Compostela. Ce document officiel comme je l'ai déjà cité, en Espagnol et en

Latin, prouve le pèlerinage accompli et indique la distance totale parcourue grâce aux tampons sur la Crédenciale, que nous acquerrons chaque jour après des heures de marche, telle une récompense journalière.

Les femmes et les hommes présents ont eu le besoin comme moi, de venir se recueillir à la cathédrale avant leur départ. J'en prends conscience au fur et à mesure. C'est un moyen j'imagine, de se raccrocher un peu aux autres, à cette force collective, espérant par là-même, une certaine protection divine. C'est peut-être cela le Chemin. Découvrir qui nous sommes vraiment, sans les filtres de nos identités sociétales. Un retour à notre état primitif d'être humain, sans jugement de valeur.

C'est un rituel rassurant à suivre, pour partir avec la médaille de la Vierge délivrée par le prêtre et que j'ai toujours sur mon sac depuis toutes ces années, même si elle a bien noirci depuis. Elle est devenue la Vierge noire, toujours éclatante de clarté dans mon esprit. Elle reste la clé bienveillante du lumineux couloir d'un état à un autre.

Nous sommes prêts désormais à quitter la cathédrale en prenant le majestueux escalier intérieur, situé au cœur de la nef, qui nous mènera à l'extérieur sans réellement quitter l'enceinte de l'édifice. Comme si nous l'emportions un peu avec nous, dans notre voyage afin de nous recueillir dans les futurs moments de doutes.

La lumière de ce matin naissant éclaire mes premiers pas du véritable départ. Le flot des pèlerins forme un ruban qui progressivement, s'allonge au fur et à mesure le long des sentiers. Des silhouettes désarticulées avancent, le dos courbé sous le poids de leurs sacs, dans une multitude de couleurs et de bruits métalliques des bâtons. Le soleil s'avance. Nos ombres s'agrandissent, accentuées par les chapeaux que nous portons et qui nous transforment en géants de la mythologie grecque. Une caravane d'un autre temps où chacun porte un fardeau personnel à déposer à Compostelle telle une offrande. Le passé reste-t-il en nous, transmis par les gènes de nos ancêtres et ressurgit-il ainsi pour déterrer nos racines profondes ?

Descendant vers la Place du Plot, je retrouve la rue des Tables avant d'arriver à la rue Saint-Jacques pour suivre les premiers signes indiquant Santiago de Compostela, à plus de 1600 kilomètres au fin fond de l'Espagne, dans la région de la Galice près de l'océan Atlantique ! Cela semble loin, tel un rêve inaccessible, et pourtant me voilà parti pour tenter de l'atteindre.

Les premiers pas sont surtout l'occasion de bien tout ajuster au niveau de notre sac. Les premiers kilomètres permettent de vérifier si tout va bien. Je me concentre sur mon corps, aussi pour oublier la pression de ce départ.

Un point particulier attire déjà mon attention, la gourde sur le côté de mon sac n'est pas très facilement accessible, du moins je constate qu'il n'est pas facile pour moi de la remettre en place tout en marchant. Il me faudra trouver un autre moyen plus simple pour m'hydrater régulièrement pendant les étapes lors des essais, cela semblait plus facile mais je comprends désormais qu'avec le sac plein, cela modifie des paramètres. Je ressens que boire est important avec cette chaleur déjà moite, amplifiée aussi par la régulation de mon corps qui surchauffe à mesure de ma progression. Mes pieds s'échauffent également mais cela ne semble pas produire de conséquences pour le moment. Mon paquetage pèse lourd bien sûr, mais il est harnaché correctement et mon dos le supporte sans souci.

Mes pensées sont donc très centrées sur mon état intérieur physique, introverti, à l'écoute de ma personne, je ne vois que peu ceux et ce qui m'entourent.

Je dépasse certains pèlerins et d'autres me doublent à leur tour, seuls ou en groupe.

Chacun prend peu à peu sa place dans ce long ruban multicolore qui s'étire de plus en plus. Il n'y a pas de course, ni le désir de dépasser les autres en réalité, cela se fait naturellement selon nos conditions physiques et les besoins de chacun, comme s'arrêter pour se reposer ou prendre une photo. Certains ont la tête plongée dans leur plan pour être sûrs de ne pas s'égarer. Pour ma part, je suis les nombreuses indications et le flot des pèlerins qui bien que s'allongeant encore, me rassure sur la voie à suivre. Ou alors, c'est tout le monde qui se trompe et part à vau-l'eau !

On se salue en se croisant, se dépassant simplement et je me rends compte que beaucoup ne parlent pas français ou avec un léger accent qui indique que ce n'est pas leur langue maternelle. Preuve que nombreux sont ceux qui viennent de bien loin pour concrétiser ce périple.

Les kilomètres s'enchaînent facilement même si j'ai l'impression d'avancer comme un escargot au vu des distances à parcourir. Les conditions météorologiques sont bonnes pour marcher et les premiers dénivelés, positifs ou négatifs, me rappellent au bon souvenir de la grosse coquille sur mon dos. Mon fardeau ! Tout ce que je porte. Je pense en avoir encore besoin, comme nous tous ici sur le chemin, c'est un moyen de se rassurer, de se raccrocher à nos habitudes, à nos existences. Tout cela nous paraît essentiel, obligatoire même. Nous portons nos peurs et celles des autres, celles qu'ils nous transmettent, chacun les siennes liées à son propre Chemin de vie. Nous avons beau dire : "il faut que j'allège mon sac", nous rajoutons sans cesse quelques grammes par ci et d'autres par là. Je vois des pèlerins avec des sacs démesurés, certains avec du matériel de bivouac, et la coquille Saint-Jacques pour la plupart, accrochée sur leur sac, comme je l'ai fait moi-même. Un autre moyen encore de s'agripper à un symbole ; un emblème, celui d'appartenir à la même tribu et qui sécurise.

« Suivez le signe de la coquille ! », s'écrierait un prédicateur en soulevant cet insigne au-dessus de sa tête !

D'autres en revanche, ont des sacs plus minimalistes, je ne comprends pas comment cela est possible ! J'apprendrai plus tard que certains ne cheminent que deux ou trois jours, d'autres font porter leurs sacs par des organismes qui les leur transportent d'un point à un autre. Ils ne gardent avec eux que le minimum pour la journée. D'autres encore sont dans un groupe avec une voiture « relais » et à tour de rôle chaque jour, une personne différente gère le transport des bagages pour tous. Le conducteur de la voiture rejoint le gîte réservé pour la nuit après avoir déjeuné avec les marcheurs du jour. Il y a aussi les personnes qui ne font que quelques étapes sur le Camino avec des sauts de plusieurs centaines de kilomètres en bus pour rejoindre plus rapidement Compostelle. Et encore d'autres qui partent avec un guide, chargé de tout organiser pour eux !

À vrai dire, il y a autant de moyens d'aller à Saint-Jacques que de pèlerins. « Chacun sa route, chacun son chemin », comme le dit la chanson… Même si cela paraît surprenant quand on ne le sait pas.

L'un de mes amis dit toujours :

« J'irais bien à Compostelle, oui mais… en hélicoptère ! »

J'imagine bien que certains pourraient s'écrier aussi :

« J'ai fait Compostelle », sans préciser le mode de locomotion… !

Je me rends compte de nos différences de gabarit entre pèlerins. Les plus impressionnants sont très grands par leur taille avec un sac souvent égal à leurs proportions, ils avancent très vite, ne faisant qu'un pas, quand je dois en effectuer presque deux. À l'inverse, je suis tout aussi admiratif lorsque j'observe ceux qui portent des paquetages qui me semblent bien imposants au regard de leur taille. J'échange avec des jumeaux d'une soixantaine d'années venant de Belgique. Ils sont partis de chez eux avec une sorte de carriole transportant tout le matériel pour bivouaquer et qu'ils tirent chacun à tour de rôle. Ils ont la même longue barbe qu'ils raseront arrivés à Compostelle. C'est tout ce que je leur souhaite !

Dans cette nouvelle montée qui je le sais, ne sera pas la dernière, je me remémore les six heures de marche indiquées pour cette première étape. Vingt-quatre kilomètres environ à parcourir sans se tromper, avec un dénivelé positif de 550 mètres et négatif de 350. Le point le plus haut étant à 1214 mètres et le plus bas, 642.

Je rejoins une pèlerine qui semble souffrir lors de cette ascension avec son sac qui paraît bien lourd, elle a le visage rouge et la respiration trop rapide. On échange, un bonjour comme avec tous ceux que je rejoins ou qui me dépassent. Je reprends mon rythme sur cette montée, un peu plus raide que les précédentes, en me demandant combien de kilomètres avais-je déjà pu parcourir ? J'entends la pèlerine maintenant derrière moi me dire :

« Mais comment faites-vous pour aller si vite ? Qui plus est, vous n'avez pas un très gros sac, comment avez-vous réussi à tout caser là-dedans ? »

Je fus surpris ! Moi qui me disais qu'au contraire, mon sac était trop lourd et que je n'avançais pas très vite ! Je ralentis mon allure et nous échangeons. Marie, la trentaine, petit gabarit vient de Bretagne, c'est sa première étape et son premier Chemin pour elle aussi. C'est vrai que son sac semble vraiment trop gros compte tenu de sa corpulence. Elle est seule et a décidé de « réaliser un break », cette phrase, je vais l'entendre souvent au travers de mes rencontres… Je la laisse avancer à son rythme, c'est son voyage, un petit signe et je reprends mon allure pour revenir sur le mien. Je la retrouverai quelques jours plus tard et je serai surpris de sa détermination sur des longues étapes, qui lui donneront de l'assurance au fil des jours.

Je me demande à quelle heure je vais parvenir au bout de cette première étape. « Etrange cette assurance en moi, d'être certain de la finir ! » me rappelle une petite voix intérieure. Je me reconcentre sur ma marche. Oui, il faut avancer puis trouver un endroit qui me convienne pour déjeuner. Une simple envie sans me poser trop de questions sur ce qui va se passer sur la fin de la journée, je me concentre sur le moment présent. A savoir, trouver de quoi manger en complément de ce qui me reste du petit-déjeuner de l'hôtel, qui semble déjà bien loin. Une épicerie ouverte me permet de préparer un simple repas froid. Reste à trouver un lieu pour me poser et déjeuner.

En écrivant ces mots, je me souviens d'un pèlerin suisse, Thierry, avec lequel j'ai marché quelques jours du côté de Moissac. À ma question :

« Où va-t-on s'arrêter pour déjeuner ? », il m'a répondu avec son accent adorable :

« Le Camino te montrera l'espace réservé pour toi particulièrement ! »

Ce jour-là nous ne déjeunerons pas ensemble, nous avions chacun notre coin de paradis.

Quelques jours plus tard dans un gîte, avant de rentrer chez lui, il me donnera sa coquille en bois, pour que je la porte en offrande à Saint-Jacques, une fois à Compostelle. Il était persuadé que moi, j'atteindrai le but tant convoité, à un moment où je doutais vraiment de mes capacités notamment à cause de ces ampoules douloureuses sur mes deux pieds... Il avait donc raison. Et j'ai respecté sa demande, ce qui me permettra d'admirer la somptueuse salle des offrandes, où chacune est répertoriée dans la cathédrale. Merci " Teedji ", puisque c'est ton surnom !

Chaque fois, en marchant, que je trouve mon lieu pour déjeuner, je repense à Thierry et sa phrase résonne en moi !

Que cela soit sous un abri de fortune perdu dans la campagne de l'Aubrac pour me protéger au mieux de la pluie, du vent et du froid.

Que cela soit assis dans l'herbe, admirant la beauté du paysage face aux montagnes qui touchent allègrement l'azur bleu sans nuage, sur cette étape mythique allant de Saint-Jean-Pied-de-Port à Roncevaux rendue célèbre par sa belle histoire, encore une ! Celle de Charlemagne et Roland jetant son épée dans les airs jusqu'à Rocamadour.

Que cela soit, dans un bar, avec une assiette de poulpes bien pimentés, près des remparts de Lugo en Espagne sur le Camino du Primitivo.

Où que cela soit encore, sous un chêne-liège et un olivier, miraculeusement placés pour m'abriter du soleil torride avant Fatima, près de Monsanto, petit village avec sa belle fontaine d'eau magique aux carreaux d'azulejos du Portugal.

Oui, le Chemin m'offre, jour après jour, un lieu de repos spécifique, bien à moi pour me ressourcer !

Il décide de le faire apparaître lorsque j'en ai le besoin et le fait disparaître dès que j'ai terminé de me restaurer. Il est devenu enchanteur. Parfois, lorsque nous échangeons dans les gîtes le soir avec les autres pèlerins notamment à propos du lieu où nous avons déjeuné, cela donne l'impression de ne pas avoir emprunté la même route. La magie du Camino opère sans nous le dire.

Mais en ce premier jour de marche, je ne sais pas encore tout cela. Je dépose alors mon sac le long d'un talus, et m'assois sur une sorte de banc en pierre, près du village de Montbonnet. Tout en me restaurant, je regarde passer les pèlerins qui me souhaitent un « bon appétit ». J'ai pris la place des vaches qui regardent ces drôles d'humains bizarrement accoutrés...

Un grand gaillard passe devant moi à son tour, il avance très vite avec un sac volumineux. Il me salue d'un fort accent nordique. Je reconnais certains pèlerins que j'ai déjà croisés plus tôt dans la matinée, comme les deux Belges.

Je les reverrai quelques jours plus tard lors d'une matinée glaciale, prisonnier dans l'étau d'un brouillard givrant... Nous y sommes ! Il fait deux degrés et je ne vois à peine à plus d'un mètre devant moi sur cette petite place de la mairie du village de Nasbinals, où ils ont installé leur minuscule toile de tente. Ils ont passé la nuit ici ! Pour ma part, j'ai dormi dans la salle d'attente d'un cabinet vétérinaire, faute de place ailleurs. Ainsi, en ce froid matinal, je distingue à travers la fenêtre pleine de buée, leur préparation pour repartir. Je me suis abrité au chaud dans un café-restaurant pour prendre un petit-déjeuner tout autant somptueux qu'inattendu, digne d'un roi. Celui-ci s'ancre en moi, tel un vrai moment de bonheur, qui m'a réchauffé le corps et l'esprit, au cœur de cette journée si froide.

Je me suis évadé dans le futur... Mais pour l'instant, je suis assis là sur mon banc et je finis de manger mon frugal casse-croûte tandis que mes amis belges passent tranquillement. Tous embarqués dans la même confrérie, nous échangeons un signe de la main. Ils parlent peu mais un simple échange, un petit sourire suffit. Ce Camino en duo semble étonnamment solitaire pour eux et ce choix leur appartient.

Alors que je prends mon premier déjeuner sur la voie du Puy, je mesure à quel point nous nous refroidissons vite sans bouger, bien que la température soit plus clémente que celle qui m'attend dans les jours à venir... Il ne faut plus traîner et repartir très vite. Il reste encore de nombreux kilomètres à parcourir avant Saint-Privat-d'Allier et il ne faudra pas se présenter trop tard pour trouver un lit quelque part. Je repasse donc rapidement devant les Belges qui eux, bivouaqueront comme chaque jour. Lorsque je les retrouverai à Nasbinals, j'assimilerai combien leur chemin est différent du mien, et combien leur conviction est bien plus forte que la mienne pour atteindre Compostelle, dans leur choix de solitude. « Chaque pèlerin suit une route qui lui est personnelle, une quête toujours intime et souvent solitaire » comme me confiera un soir dans son gîte, un hospitalier.

Perdu dans mes pensées, j'ai l'impression d'accélérer le pas et de marcher trop vite. Je ralentis, je sais que je ne dois plus être loin du but, de l'objectif de cette première journée. Alors je choisis de m'économiser un peu pour les jours suivants.

Il est quinze heures trente, me voilà enfin au bout de cette première étape et je ne ressens ni courbature ni douleur à cet instant.

Me voilà rassuré. Je suis aux anges ! Merci à eux.

Mais je vais me sentir beaucoup moins bien en quelques minutes, alors que je bois un verre sereinement sur la terrasse du bar, j'entends la serveuse s'adresser à deux pèlerins dépités, leur expliquant que : « le village n'a plus aucun logement disponible et qu'il est donc impossible de dormir ce soir à Saint-Privat ! » J'ai failli avaler de travers ma boisson froide. Eux, décident de reprendre la route pour au moins huit kilomètres, soit encore deux bonnes heures de marche. Pour moi, c'est impensable, j'ai enlevé mon sac à dos, mes chaussures et ce n'est pas pour tout remettre et repartir maintenant ! De plus ces quelques minutes passées en terrasse m'ont refroidi, je commence à ressentir les courbatures, au niveau des hanches et des épaules et je sais que mon corps a besoin à présent de se reposer. Donc c'est définitif, c'est hors de question de remettre le sac, les chaussures et de partir à la recherche d'un hypothétique lieu pour passer la nuit à au moins huit kilomètres d'ici. Je me rends compte que beaucoup de marcheurs ont pris la peine de réserver leurs nuitées avant leur départ, et je crains de ne trouver aucun abri pour me reposer cette nuit. Il me faut expressément trouver un lieu avant le coucher du soleil qui est déjà bas dans le ciel.

J'erre dans le village, il est rapide d'en faire le tour vu l'étendue de la localité. Je questionne les habitants croisés à proximité des gîtes, afin de savoir si j'aurais plus de chance, mais la réponse est toujours la même : « Il n'y a plus de place ! »

En rebroussant chemin, je suis presque revenu à l'entrée du village, près d'une boutique de vente de lentilles, une des spécialités de la région, et je repose à tout hasard la question, au responsable d'un gîte qui parle anglais avec deux pèlerines qui elles, ont réservé. La réponse est toujours identique, "Il n'y a pas de place pour cette nuit, sans avoir réservé". Je suis abattu et lui demande s'il connaît un plan B. Selon lui, mieux vaut aller plus loin pour trouver un abri pour ce soir.

Je m'apprête à revenir vers le centre du village, lorsque j'entends de l'autre côté d'une petite ruelle :

« Eh bien, vous n'avez qu'à venir ici, il y a des lits de libres et c'est propre ! »

Je me retourne, et aperçois un homme, environ 35 ans, les bras en l'air en train de suspendre du linge sur une longue corde, dans un jardin attenant à une maison. Je m'approche de l'entrée, et patiente devant le portillon fermé qui donne sur le jardin. Déjà deux minutes et l'homme poursuit sa besogne, sans me prêter attention. J'ai un doute, serait-il en train de se moquer ? Inquiet, je lui demande :

« Est-il vrai que vous avez encore un lit de libre pour cette nuit, s'il vous plaît ? » La réponse fuse :

« Oui je crois bien, mais je ne suis pas le propriétaire, je m'appelle Christophe, je suis comme toi mon gars, je viens d'arriver et j'ai vu qu'il y avait des lits vides à l'étage. Il faut que tu fasses le tour du jardin, il y a une entrée qui accueille les pèlerins en bas de la maison ! »

Un rapide "merci", et me voilà dévalant la petite rue pentue, contournant le jardin par la gauche pour parvenir à l'habitation. En effet, il y a là une large entrée, puis un banc, et le maître des lieux, à la barbe épaisse et aux lunettes noires, se présente à moi, me confirmant bien qu'"il y a au moins encore un lit disponible pour ce soir". Je suis rassuré par son accueil, je ne dormirai pas dehors pour cette première nuit, même si je ne sais pas trop encore où je suis. Mon hôte se présente :

« Bonjour Georges, moi c'est Jean-Marc, enlève tes chaussures, pose ton bâton et mets tes affaires dans ce grand sac-poubelle. Prends ce dont tu as besoin pour la nuit et je te montre ton lit en haut de l'escalier. »

Je monte à présent quelques marches pour rejoindre une sorte de mezzanine avec une dizaine de lits, des sanitaires ainsi qu'une petite cuisine, j'ai la chance d'y trouver en plus, de l'eau chaude. C'est le paradis sur terre, après cette journée de marche !

Sur l'un des lits, je retrouve le grand gaillard avec son fort accent, que j'avais croisé précédemment à l'heure du déjeuner et qui dort déjà paisiblement. Je retrouve également, près d'un autre lit, le pèlerin Christophe, rangeant ses affaires et que j'avais pris tantôt pour le propriétaire, alors qu'il étendait tranquillement son linge... Je le nommerai lors de nos marches futures : " Mon Sauveur !"

Jean-Marc, mon hôte, me propose de dîner avec son épouse à leur table, ainsi qu'avec les autres pèlerins qui souhaiteront se joindre à nous. D'ici là, il nous propose d'aller prier à la chapelle voisine. J'accepte avec joie ! C'est un véritable plaisir d'être accueilli ainsi, alors que dix minutes encore auparavant, j'étais sous le poids de mes incertitudes et pensées négatives. Mais où est-ce que je suis exactement ?

Je m'apprêtais à lui poser la question, seulement mon hôte « mystérieux » a déjà disparu en bas de l'escalier avant même que je n'en aie eu le temps. En effet, une voix féminine se fait entendre, sans doute une nouvelle pèlerine qui arrive…

De mon côté, je m'installe sur mon lit pour ce soir et déballe mes affaires pour m'empresser de prendre une douche rapide tant que les sanitaires sont disponibles. En ressortant, je rencontre la nouvelle pèlerine qui vient d'arriver. Elle me sourit :

« Bonjour, je m'appelle Lucie. ». Je la salue à mon tour...

C'est une jeune femme, elle a un beau visage aux traits radieux et un bel accent, un accent venu du sud-ouest, chantant et me rappelant le rugby. Elle doit être de Toulouse ou de la région !

Elle me répond alors :

« Ah enfin Georges, vous me dites bonjour maintenant ! »

En même temps que sa remarque surprenante, j'entends Jean-Marc au bas de l'escalier, qui accueille encore un nouveau pèlerin. Le dernier sans doute.

Il était temps que je me présente ici, mais la remarque de Lucie me laisse tout de même abasourdi, sans voix ! Je la regarde, un peu perplexe, et avant même que je puisse lui poser une question en retour, elle ajoute :

« Ce matin, je vous ai vu, enfin, je t'ai vu monter à la cathédrale du Puy. Je prenais des photos avec la belle lumière qui illuminait les marches, tu avançais avec ton chapeau noir et ton châle blanc autour de ton cou, c'était si beau que je t'ai pris en photo en te disant bonjour, mais tu n'as pas répondu. Tu étais dans ta bulle et je ne t'en veux pas ! »

Elle a bien raison, j'étais tellement absent ce matin... Puis elle m'explique que nous sommes dans un Donativo. Mais pour en comprendre davantage la signification, il me faudra attendre le dîner de ce soir avec Jean-Marc.

J'apprendrai plus tard que Lucie, habitait bien, à l'époque, la magnifique ville rose. Nous marcherons ensemble sur certaines étapes jusqu'à Conques avec toujours autant de bonheur, mis à part l'état de ses pieds devenus deux ampoules géantes ! Je me demande encore comment elle a pu faire pour avancer ainsi dans cet état !

Christophe lui aussi, sera l'un de mes compagnons de voyage lors de ces premiers jours de périple. Marchant tous les deux rapidement, nous avons avancé souvent ensemble, avons partagé des repas et des nuits sur différentes étapes, jusqu'à Aumont-Aubrac où lui, mettra fin à son voyage. Aucune bête du Gévaudan ne viendra nous perturber. Je marcherai également avec bien d'autres pèlerins, rencontrés sur le chemin ou dans des gîtes, et venant de diverses régions de France, parfois très éloignées, comme la Bretagne, la Normandie ou l'Alsace. Après quelques jours, certains décideront d'arrêter comme Christophe leur voyage pour diverses raisons ; notamment à cause des prévisions météorologiques peu favorables, entre neige et pluie mêlées, ou encore pour des impératifs personnels. Ils décideront, peut-être, de revenir ultérieurement. Parmi eux, certains m'adresseront empathie et miséricorde face à ma volonté de poursuivre, bien que fort dépourvu (quand la bise fut venue), sans poncho et avec pour seul compagnon, mon bourdon ! Ainsi ils me léguèrent un bâton supplémentaire et une cape, essentiels pour avancer contre la pluie glacée et face au vent froid.

Je reprends alors le Camino mieux "armé". Les averses incessantes rendent chaque montée de plus en plus difficile ; et la boue, collante, me fait patiner, reculer, et glisser même en arrière quelquefois... J'arrive souvent à destination avec de la boue partout, notamment sur les membres inférieurs. Cependant grâce à la cape et au bâton supplémentaire, cela devient un peu moins pénible. Et dire que je pensais avant le départ, que j'allais avoir trop chaud en cette fin de mois de mai. J'avais supprimé la plupart des vêtements spécialement prévus contre le froid ou la pluie. J'étais bien avancé en ayant privilégié davantage les shorts et les t-shirts en mode « séchage express » ! De même, la crème solaire ne servira jamais en cette période ! Rincé, frigorifié, la seule chose que je chercherai à tout moment et désespérément, sera des moyens de me réchauffer.

Chaque fois, des âmes charitables me répéteront toujours la même phrase en me remettant leurs offrandes, comme le fera Teedji :

« Nous ne savons pas si nous reprendrons notre voyage, ni si nous irons au bout, mais toi, nous en sommes certains ! »

Je les remercie, tant pour leur générosité matérielle si utile, que pour leur conviction forte à me soutenir dans leurs propos, comme quoi je ferai partie de ceux qui iraient au bout de ce voyage ! Je suppose que je devais apparaître vraiment en piteux état lorsqu'ils me voyaient repartir avec pour seule assurance, mon unique bâton et mon simple k-way, au regard des éléments et conditions météorologiques sur la région de l'Aubrac, cette année-là.

Je repense au grand gaillard nommé Wolfgang, l'allemand qui dormait juste en face de moi pour ma première nuit… Même si son rythme de marche enthousiasmait le mien, je ne peux pas dire que nous ayons réellement marché côte à côte, au regard de l'allure à laquelle lui avançait. Lorsque nous nous retrouvions aux mêmes étapes, il partait toujours le dernier des gîtes et me dépassait systématiquement dans la matinée, avec son éternel et large sourire :

« Bonjour Georges, ça va ? »

Il m'offrait des gâteaux, des fruits secs, et nous marchions quelques centaines de mètres ensemble, puis il reprenait son rythme bien trop effréné pour moi, afin de rejoindre le premier, la fin de l'étape, et choisir un lit à sa taille. Quant à moi, j'arrivais au même gîte, bien plus tard, et le retrouvais souvent en train de se reposer ayant déjà eu le temps de prendre une douche et de se changer, et réapparaître plein d'énergie au moment du dîner, avec son sourire radieux.

Ce premier soir, j'avais compris que j'étais réellement en route, et en sécurité dans ce Donativo, un relais du pèlerin dans lequel chacun avait pris un moment pour se présenter durant le dîner en dégustant les fameuses lentilles du Puy. Ce premier gîte fut pour moi un havre de paix, grâce à l'accueil chaleureux et empreint de valeurs chrétiennes. Le lendemain matin après le petit déjeuner, chaque pèlerin avait déposé discrètement dans une petite boîte, une somme d'argent selon ses moyens et en conscience, afin de remercier comme il se doit nos hôtes d'une nuit. Commencer ainsi le Chemin avec une telle notion de partage dès la première étape, a été pour moi une chance. Je remercie encore Marie et Jean-Marc pour leur hospitalité, pour les nombreux conseils qu'ils nous ont transmis pour la suite de notre voyage, ainsi que pour leur bienveillance, leur générosité chrétienne et tout ce qu'ils ont pu nous donner ce soir-là. Comme ils l'ont fait durant des années pour tous les pèlerins qui viendront frapper à leur porte. Ce lieu est maintenant fermé malheureusement, mais il reste gravé fraternellement dans ma mémoire.

Des endroits comme celui-ci existent encore sur le Camino, bien que leur présence soit de plus en plus rare, en raison des contraintes financières liées à la hausse des charges, engendrant un manque de rentabilité certain. D'autant qu'une concurrence plus conventionnelle, pas toujours encline à les accepter, s'est fortement développée au fil du temps.

A ce moment-là, j'avais compris également que revenir à la cathédrale du Puy m'avait permis de découvrir cet écrin de paradis qui avait amorcé mon cheminement sous les meilleurs augures.

9. Etape après étape

Jésus dit :

"Je suis la Vérité, le Chemin de la Vie."

Sur le Chemin de la Vie, je suis. Au fur et à mesure de mes étapes, je le constate comme une évidence qui s'installe inéluctablement. Je contemple et je vis ce paysage qui défile lentement, à pas d'homme. Certes, parfois j'atteins et dépasse allégrement l'éminente vitesse de quatre kilomètres à l'heure, mais, en fonction du terrain rencontré, j'avance souvent bien plus lentement. Après tout, à quoi cela me sert d'être plus rapide, quelle importance réelle ? Le monde extérieur suit son propre rythme, celui des nuages, du vent, des animaux… Il n'a pas besoin de moi, ni de nous tous, pour exister. Au loin, le chant d'un coq, les aboiements d'un chien signalent un village proche. Je ne suis qu'un passager en ces lieux que j'observe avec tant de joie et respect pour ne point les déranger. J'observe et capture avec discrétion ces clichés d'instants éphémères tel un touriste et j'en grave les mouvements dans ma mémoire. Des images en cascade, semblables les unes aux autres et différentes à la fois, par les quelques secondes qui les séparent. Les tourbières, les prairies et sous-bois de l'Aubrac défilent le long des chemins de transhumances bordés de murets de pierres, ces pistes que nous empruntons sur le GR 65 sont appelées "drailles".

La beauté naturelle se cache dans les détails, dans les couleurs, les sons, et dans les mouvements lents et torpides qui s'immortalisent en moi. Quelquefois, je ressens l'envie de ne plus bouger, de me tapir, de me rendre invisible de peur de rompre cette harmonie environnante s'étant emparée de tout mon être. Je suis à son écoute, comme si je voulais entendre son cœur battre, ou tout au moins parvenir à sentir vibrer son pouls. Est-ce cela faire partie intégrante de la nature, se fondre en elle, loin de la radicalité d'une écologie punitive et son lot d'extrémistes, dans nos villes polluées ? Si leur analyse est partiellement juste, les méthodes employées sont souvent inadaptées, voire contre-productives à souhait. Certes, la vie est menacée par notre présence industrielle du " toujours plus " et c'est donc bien de notre responsabilité de la protéger, mais par des actions utiles plus que des coups d'éclat absurdes et sans lendemain.

Dans nos sociétés, la priorité vise la consommation encore et encore, tout est fait pour nous pousser à remplir notre espace intérieur de nourriture et d'objets en tout genre. Nous avalons docilement les annonces publicitaires du marketing qui nous font croire que la quête du bonheur est liée à notre richesse et notre confort. Nos déceptions face à cette quête, vaine, créent en nous de profondes frustrations. Celles-ci nous rendent malléables à toutes formes de manipulations pour continuer à toujours désirer davantage de nouvelles pacotilles, devenues essentielles à nos yeux hypnotisés. La frénésie du "toujours plus" s'empare de nous tel un virus qui nous rend fous, et entretient ainsi un modèle économique de plus en plus hégémonique…

La population mondiale continue à augmenter, entraînant une exploitation toujours plus grande de notre planète pour nourrir et faire rêver les êtres humains. Beaucoup sont prêts à tout, pour s'enrichir au détriment de la terre qui se réchauffe encore.

Cachées derrière les slogans du marketing moderne, certaines entreprises prétendent fabriquer "propre", en imposant des augmentations de volumes incompatibles avec leurs propos. Tous les moyens sont bons pour nous amener à croire aux fausses bonnes intentions, du moment que l'entreprise continue à cumuler des gains, pourtant si destructeurs pour notre planète, plus vraiment bleue. C'est sur ces entreprises et sur tous les lieux de pouvoir, que devrait se concentrer le combat de militants intelligents, au lieu de coller sans réfléchir, une tête sans cerveau, sur des tableaux de maîtres... !

Sur mon chemin, je "communie" chaque jour un peu plus dans le respect, avec cette nature, bien que ce mot lui-même créé par les hommes me dérange. Comme si nous voulions établir une distance entre elle et nous, pour nous rassurer, en estimant que nous sommes à part ou supérieurs. Un « moyen » d'apaiser notre conscience et de nous protéger en pensant que, ce qu'elle subit, ne nous concerne qu'un peu. Ces idées s'imposent en moi, d'elles-mêmes, et de plus en plus chaque jour. Nous sommes bien plus que des observateurs, nos pas résonnent sur le sol, créant des vibrations qui éloignent ou rapprochent les animaux, qui à leur tour se déplacent. Nous participons et agissons ainsi activement sur l'espace qui nous entoure, loin d'un monde virtuel à visionner devant un écran, presque endormis dans nos fauteuils.

Y a-t-il un lien avec l'effet papillon, ce battement d'ailes qui peut provoquer une tempête à l'autre bout du monde ? Je ne sais pas ! Cette notion symbolique traduit le fait qu'une modification infime peut engendrer des changements très importants. Ce que nous voyons de plus en plus clairement, c'est que notre présence sur cette planète est en train de la modifier dangereusement. Nous devons prendre conscience que nous en faisons partie. Elle est notre sanctuaire, notre citadelle ! La mienne sur ce chemin est la cathédrale du Puy, je la porte en moi, mon esprit demeure encore en son sein, en son chœur, sous sa protection, et mon cœur bat en elle, au rythme de mes pas.

La première leçon que nous devons avant tout apprendre, c'est l'humilité. Si Dieu est là, à nos côtés, pour nous montrer la voie, Il n'est pas à notre place.

Et si le poids de l'édifice du Puy sur nos épaules est lourd, c'est pour nous rappeler que nous devons prendre notre vie en main, car rien n'advient sans effort. Pour alléger nos existences nous devons les édifier en accordance, à l'unisson des chaînons du globe pour le préserver de nos errances.

Je sais également que je dois respecter ces lieux pour leur beauté et la force bienveillante qu'ils suscitent en moi ainsi que chez des milliers de pèlerins, chaque année.

Ce Chemin est relié à mon cheminement intérieur qui me guide à travers ce dédale de rencontres marquantes pour me ramener à moi-même, en retrouvant l'essentiel. Je me fraye un passage à l'écoute de mon cœur. C'est une métamorphose qui s'opère lentement. C'est ce que je ressens sincèrement, intimement, profondément... Les échanges enrichissent ma compréhension du monde et atténuent mes peurs. Tout au long de ma vie, tout ce qui m'entoure, m'englobe devient harmonie et vibre en moi, au diapason avec mon moi.

La bienveillance des êtres humains que nous croisons en dehors des pèlerins est aussi régénératrice.

Un automobiliste sur le Camino Portugais qui m'offre une pomme... Un morceau de gâteau et une boisson qui m'attendent à l'entrée d'une maison avant Conques... Un "Comment ça va" et un "Buen Camino" d'une inconnue me voyant passer devant son jardin, dans un village espagnol... Autant d'attentions qui ressourcent et réchauffent mon cœur, me rassurant sur la générosité humaine dont je doute parfois. Devenir humble au plus profond de nous-mêmes, nous permet de grandir sans barrière dans cet univers infini.

Oui, nous sommes unis par ce processus en cours vers notre métamorphose. Un peuple d'êtres humains, respectueux de leurs semblables, existe, loin de la folie de certains hommes qui plongent notre monde dans une insécurité croissante de violences. Ces lieux inconnus, que nos pas nous conduisent à explorer, sont bien moins dangereux que toutes ces villes sous surveillance, cernées par des caméras et des passages piétons surprotégés. Cette collectivité assistée, avec toutes ces certitudes, a montré ces limites lors de la pandémie du Covid-19.

Nous pensions être à l'abri grâce à nos connaissances et notre maîtrise du monde, mais nous avons découvert, ou plutôt redécouvert, à quel point tout peut s'effondrer en quelques heures et combien nous n'étions qu'un colosse aux pieds d'argile. Piégés par un virus inconnu que nous n'avons pas pris au sérieux au départ, nous avons fini par comprendre que cette menace invisible à nos yeux, pouvait altérer nos relations avec les autres et menacer l'avenir de nos vies. Nous savons que nous ne sommes qu'au début des changements qui nous guettent ; qu'il s'agisse des dérèglements climatiques dont nous sommes responsables ou encore de tous les conflits causés par la folie des hommes. Nous devons apprendre à partager nos ressources et à les économiser en nous adaptant. Sinon, nous ne pourrons pas échapper, ni à la catastrophe qui se profile pour les générations futures, ni au danger pour nos démocraties. Elles sont devenues extrêmement vulnérables et si perméables à l'intolérance de toutes sortes liées aux extrémismes pourtant si minoritaires. Nous oublions que nous avons des devoirs avant de demander des droits, et que la vie en communauté passe avant tout sur notre planète par le respect des règles pour tous, sans opposition systématique.

Les réseaux sociaux qui offrent de nombreuses possibilités d'apprentissage en complément des autres médias, sont devenus un lieu de défoulement extrêmement dangereux, avec la mise en ligne de fausses informations de toutes sortes, créant ainsi de la peur et de la méfiance à l'égard de nos institutions, allant même parfois jusqu'à la négation de l'histoire.

Loin de ce gâchis grandissant de manière exponentielle, de ce chaos croissant, nos pas sont bien réels et nous ramènent humblement à notre condition d'êtres humains. En marchant seul, en observant ce qui m'entoure, j'analyse ces mots, et les maux qui en découlent, comme de nouveaux pas vers une réflexion plus fine de mon environnement. Mes pas s'inscrivent dans ceux-là mêmes qui ont déjà foulé ces lieux, il y a longtemps. Quelquefois sur les sentiers, nous pouvons observer les traces, comme sur le Chemin de Saint-Guilhem-Le-Désert, de nos ancêtres préhistoriques communs à tous, qui avaient la peau noire et les yeux bleus. Leur existence était bien entendu une lutte constante pour survivre, mais je suis persuadé qu'ils étaient également animés par des idées nourries de réflexions sur leur nature. Ces mêmes idées qui ont contribué à façonner ce que nous sommes aujourd'hui. En regardant le ciel, je crois que nos interrogations modernes ne sont pas si éloignées des leurs, quant à notre existence et notre rôle sur cette planète. Ce ciel étoilé qui, la nuit venue, nous décrit le passé, nous implore de préserver l'avenir…

Ainsi, je ne vis jamais les heures de marche comme un calvaire ou un Chemin de Croix pour rejoindre le gîte. Bien au contraire, je les considère comme une opportunité à retourner vers mon « moi » intérieur, une introspection sans compromis. Plongé dans ces pensées, il m'arrive parfois de m'égarer dans des pentes emplies de broussailles ou de prendre une piste, un sentier dans les taillis, hors du chemin en pleine forêt. Mais est-ce réellement une erreur ou une manière de trouver, encore une fois, une nouvelle alternative aux cheminements de nos vies toutes tracées ? Un vrai "raccourci", en apparence plus long en kilomètres certes, et pourtant bien plus direct, sans détour en réalité, un passage secret qui s'engouffre dans un vallon inconnu pour atteindre notre véritable essence, évitant les ravines, les parapets et les contrescarpes…

Bien sûr, tout cela se concrétise lorsque je marche seul, mais cheminer aux côtés d'autres pèlerins est également extrêmement enrichissant et fraternel. Nous apprenons les uns des autres sur notre quotidien. Les dialogues abordés sont souvent liés à des sujets simples. Nous partageons des informations à propos de ce qui nous entoure, nous nous aidons mutuellement en échangeant des conseils ou en partageant nos maigres réserves alimentaires du jour. Là aussi, sur le Camino portugais, le simple partage d'une orange avec un pèlerin sicilien sur le haut du Portugal en direction de l'Espagne, reste ancré en moi bien des années plus tard, comme un moment inoubliable, et probablement la meilleure, jamais dégustée dans mon existence. En écrivant ces mots, je revois la petite église et la place où nous étions assis sur un banc improvisé, pour un moment de repos. Je ressens le goût sucré de son jus dans ma bouche, régénérant tout mon corps. Ces moments de grâce sont les carburants dont j'ai besoin, pendant les périodes de doute.

Écrire aussi quelques lignes, chaque jour en prenant mon temps, parfois à l'abri d'un soleil de plomb, grâce à l'ombre d'un "horréo" des Asturies ou de Galice, fait sûrement partie intégrante d'une thérapie pour échapper au monde qui m'entoure, si pressé d'amasser des profits au mépris de nos semblables et au détriment de la vie. Le "toujours plus" a pris au piège bon nombre d'entre nous avec cette frayeur du lendemain qui nous oblige à accélérer encore cette poursuite effrénée. Celle-ci nous enferme chaque jour, un peu plus, dans une spirale sans réelle valeur. Quelquefois, cela me désole de ne pouvoir arrêter cette course folle que je perçois autour de moi, avec ce besoin puéril de reconnaissance grandissante faite d'illusions virtuelles.

Avec le temps, alors que la perte de sens dans nos vies devient de plus en plus profonde, j'ai appris à gérer ces moments et à gagner en force lorsque se manifeste un démon intérieur qui tente de sortir de sa demeure. Si l'étape est difficile, je me rends aussi léger que possible avec mon sac, que je compare au fil des pas, à une plume. J'ai l'impression d'utiliser le relief en rebondissant d'un caillou à l'autre. Chaque pierre ou branche est placée au bon endroit, de manière à me permettre de progresser dans ce labyrinthe, ce dédale d'obstacles, similaire à nos rencontres qui ne sont jamais le fruit du hasard. Il suffit de déchiffrer dans le bon ordre, le code secret du sentier et de notre environnement pour continuer à prendre la bonne direction.

Une véritable ouverture sur le monde me permet d'avancer en renvoyant le Diable d'où il vient. Sans doute pour le retrouver, à nouveau, coincé entre deux pierres, comme à Cahors sur le magnifique pont Valentré avec ses trois tours médiévales franchissant le Lot.

Il existe un lien étroit entre notre état physique et notre état d'âme ou d'esprit. Le Dieu du vent me porte parfois pour ralentir ou accélérer mes pas, me laissant aller où je dois être à un moment précis. Et là finalement, me voilà revenu du diable Vauvert, le doute a disparu et mes douleurs aussi.

Pendant ces moments-là, le nectar d'une orange me régénère. Je me demande si toutes les bonnes oranges gorgées de jus ne sont pas toutes siciliennes ! Merci Marco pour ce fruit divin dont je me délecte encore !

Me voilà maintenant reparti dans le bon sens, muni des ondes bienfaitrices, loin de ces mauvaises influences. Elles sont derrière moi et les étapes se succèdent, devenant un rituel toujours plus positif qui me régénère chaque matin davantage.

Les églises et les chapelles sont souvent nombreuses tout au long des lacets du chemin, rester seul à l'intérieur devient un privilège, un moment solennel qui m'impressionne. Je goûte les valeurs protectrices que tous les pèlerins ont déposées en ces lieux. Les traces indélébiles de leur passage demeurent gravées pour l'éternité. Une force authentique m'empêche de me sentir seul. L'énergie qui en émane est régénératrice et me permet toujours de repartir plus fort.

10. Au cœur du Chemin

"En se posant sur la branche, le papillon craint de la briser." (Proverbe arménien)

Briser nos chaînes, voilà ce qui me vient ce matin en quittant le gîte ! Je ressens que quelque chose en moi, a changé, j'ai dépassé un point de non-retour.

Comme si, au milieu du gué, au cœur du chemin de ma vie, j'avais fait ce pas en avant de plus, me lançant inéluctablement vers l'objectif à atteindre sans possibilité de retour en arrière. La balle de tennis a touché le haut du filet, elle a hésité longtemps entre le passer ou retomber du mauvais côté, et puis la voici sur l'autre rive de façon définitive... Cela me rappelle aussi un panneau aperçu en Ardèche sur la ligne de partage des eaux. Ainsi une goutte de pluie tombant de part et d'autre de cette ligne se dirigera soit vers la Méditerranée, soit vers l'Atlantique. Cette ligne fera voguer cette goutte, là où le destin la mène, portée par le vent, tombant au sol d'un côté ou d'un autre. Peut-être la retrouverai-je à l'arrivée, si elle daigne m'adresser un signe.

Pour ma part, j'ai fait ce matin le pas en plus, une enjambée de bascule dans la direction de l'Atlantique, même si franchement, je suis loin d'apercevoir un quelconque reflet de l'océan ! Non, en réalité atteindre déjà les Pyrénées serait incroyable, presque magique ! Ces montagnes me paraissent encore si loin, et cependant arrivé là-bas, je ne serai qu'à mi-chemin de ma destination, avant de passer le col de "Roncesvalles" et découvrir l'Espagne !

Alors, l'océan Atlantique et les falaises du cap Fisterra, ou encore la pierre en forme de voile de Muxia, restent un doux rêve pour un marcheur toujours cantonné à avancer à moins de quatre kilomètres à l'heure...

Et pourtant, vient le jour où je distingue enfin ces montagnes, ces hautes formes noires si floues à l'horizon. Elles m'apparaissent de plus en plus proches avec cette sensation de presque pouvoir les toucher un peu plus chaque jour... Et puis, un jour, justement, franchissant la porte de la dernière étape de la partie française du chemin, je parviens au pied des Pyrénées : l'incontournable et magnifique village fortifié de Saint-Jean-Pied-de-Port avec son ancien pont romain, traversant la rivière de la Nive de Béhérobie s'ouvre devant moi. Telle la frontière ultime pour rejoindre l'Espagne, nous empruntons alors la rude et longue ascension qui nous permettra de contempler Roncevaux. Dans cette montée, la fontaine de Roland est un moment de repos bienvenu et je le délecte de son eau qui me régénère et s'insère dans toutes les cellules de mon corps, pour reprendre ma marche en avant.

Toutefois, je me perçois telle une tortue, ou un escargot égaré sur un terrain de rugby, près de la ligne médiane ; voilà ce que je suis avec ma coquille trop lourde à porter, perdu si loin encore de la ligne d'en-but. Drôle de carapace pour un pèlerin moderne qui avance bien lentement. Et dans ce fardeau que je porte, il y a bien plus que mes affaires. C'est le poids de ceux pour qui je marche aussi. Lors de ma préparation, j'ai inscrit des prénoms de personnes sur certaines étapes, afin de partager un peu de leurs souffrances et peut-être alléger ainsi, leurs accablements quotidiens.

En dehors de la famille, ce sont pour la plupart des amis dans la peine qui traversent des moments difficiles ou encore des personnes croisées par hasard, par destinée et qui m'ont touché par les malheurs qu'ils doivent endurer dans leurs vies. Certains d'entre eux, je les préviens, et pour d'autres je n'ose pas toujours le faire avant de cheminer. Parfois ce n'est qu'au retour, que je leur parlerai de ces journées qui leur ont été dédiées. Cela m'aide également à relativiser mes propres douleurs, en réalisant combien elles peuvent demeurer insignifiantes face à celles qu'ils subissent réellement dans leur chair au quotidien, que cela soit des épreuves physiques ou émotionnelles.

N'est-ce qu'une impression, ou est-ce une vraie analyse qui fait que souvent, l'étape se révèle plus difficile que prévue, lorsque je marche pour une personne subissant tant de douleurs ? Des événements récents me font penser que tout peut basculer si vite entre le bonheur et le malheur, tout comme la différence d'épaisseur entre les feuilles d'un jeune peuplier ou d'un if, et d'un vieux baobab.

Le plus beau présent que je puisse recevoir, c'est quand l'une de ces personnes me confie être touchée par mon initiative et avoir ressenti un poids moins lourd le jour qui lui était dédié. L'ultime bien-être, si je peux humblement m'exprimer ainsi, je le ressens quand les personnes concernées décident à leur tour, de parcourir le Chemin, bien sûr lorsque cela est possible physiquement pour elles. A l'arrivée, leur photo devant la majestueuse cathédrale Saint-Jacques, berceau de la spiritualité, est le plus merveilleux témoignage de la puissance de ce pèlerinage et pour moi, une fantastique récompense, inestimable !

De nombreux pèlerins marchent ainsi, eux aussi, pour les autres, dans une solidarité rarement avouée. Nous sommes peut-être des « passeurs » de vraies valeurs comme tous ceux qui, par altruisme, décident de consacrer un peu de leur temps aux autres.

Bien sûr nous ne pouvons pas porter tous les malheurs du monde sur nos épaules, mais nous pouvons tous en prendre une petite partie. Nous sommes tous des colibris ! Chaque élément sur la terre est lié et il est crucial de stabiliser la balance entre ce que j'appelle être naïvement le bien et le mal, afin d'éviter de revivre des épisodes sombres de l'histoire engendrés par la folie de certains hommes. Le réchauffement climatique est également un signe du déséquilibre que nous créons, par notre appétit démesuré à tout consommer, de manière excessive entraînant un dérèglement irrémédiable.

La Terre se trouve au cœur de cette harmonie fragile entre le yin et le yang. Selon les Wu Xing chinois, les cinq phases ou les cinq éléments qui régissent nos interactions, mettent toujours la Terre au centre des phénomènes, cosmiques et humains. Toute chose dans l'univers est un cycle de création et de destruction, non pas selon une suite chronologique, mais en perpétuelle bataille les uns avec les autres : le bois, le feu, le métal et l'eau sont intimement liés, en symbiose avec la terre. Ces cinq éléments sont aussi reliés à notre corps interne en particulier, et à la population humaine en général.

Ainsi lorsqu'un élément devient trop supérieur aux autres, il les écrase par sa prédominance et crée un déséquilibre dangereux, entraînant souvent chez les êtres humains, guerres, souffrances et maladies. La Terre lance fréquemment des signaux d'alarme que nous négligeons, aveuglés d'assouvir davantage des besoins illusoires. Nous continuons à poursuivre notre course effrénée d'exploitation sans limites, pour satisfaire nos désirs insatiables et infantiles de consommation, sans prendre en compte les conséquences.

Bien que la Terre ait déjà connu cinq extinctions massives, au lieu de la protéger, nous sommes en train d'accélérer la sixième par notre attitude irresponsable. Je crois que Dieu nous a pourtant créés pour justement la préserver définitivement de cette destruction. Notre intelligence devrait demeurer au service de la vie sur la planète pour la mettre à l'abri de toutes les menaces. Malheureusement nous créons chaque jour un péril croissant en la maltraitant constamment sans discerner les signes de détresse qu'elle nous envoie.

Léonard de Vinci a représenté l'homme de Vitruve, jambes et bras tendus, dont les extrémités marquent la circonférence selon des proportions parfaites et symétriques, s'inscrivant à la fois dans un carré et dans un cercle, avec en leur centre, son nombril. Telle une architecture mathématique, l'image du corps humain dans les deux positions, donne une notion de déplacement dans l'espace. L'homme n'est en aucun cas figé sur la terre, il est un acteur primordial pour la protéger et ainsi s'élever vers le Divin. Le cercle représente le spirituel et le carré la dimension terrestre.

Cette figure illustre que l'homme est la création suprême du Créateur, son chef-d'œuvre. L'homme idéal, en harmonie avec la nature, est le centre de l'univers. Il est au-dessus du monde animal et minéral mais en dessous de l'énergie céleste. Il est le lien vital, le fil d'Ariane de cette relation entre Dieu et la Terre, chargé de la protéger et non d'accélérer sa destruction. Notre indifférence à son égard entraîne les pires conséquences pour elle, et de ce fait, pour notre existence.

Par exemple, le Covid, également lié au réchauffement de la Terre, a eu un impact significatif sur notre perception du monde, aucun continent n'ayant été épargné. Les pandémies, comme nous le savons, vont s'accélérer encore, créant des déséquilibres économiques et affectant les plus faibles. Nous devrons donc trouver encore des solutions de rééquilibrage mais à quel prix et pour combien de temps ?

Même si j'ai marché à la fois avant et pendant cette période de pandémie alors qu'elle n'était pas totalement résolue, ces notions étaient claires en moi et confirmées par mon environnement. Il y a une prise de conscience croissante de notre propre état vis-à-vis de la Terre et du cosmos. Les leçons à tirer de ce voyage sont peut-être un appel à rétablir l'équilibre de notre planète, ou du moins à y contribuer humblement.

J'ai la conviction profonde que le voyage est simplement un moyen de remise en cause personnelle quant à la conception de nos existences. Si Jacques est un Saint à aller honorer, le voyage à pied lui-même, est son terme ultime. Son tombeau n'est qu'un prétexte ! Que vais-je faire une fois là-bas ?

J'imagine mon arrivée à Santiago, me souvenant des photos d'un livre, feuilleté avant mon départ. L'une d'entre elles identifiait la grande place devant la cathédrale et un commentaire indiquait que l'ancien hôpital avait été transformé en un luxueux hôtel Parador, fleuron de la dictature franquiste !

Je me remémore avec émotion le bombardement de la ville de Guernica, le 26 avril 1937, lors d'un jour de marché, dans le but de faire un maximum de victimes. La légion Condor de l'Allemagne nazie fut envoyée par Hitler pour tester son aviation et réprimer la révolte du Pays basque, à la demande de Franco. Cette même légion qui ensuite bombardera les pays d'Europe de l'Est avec toutes les horreurs qui suivirent pendant la deuxième guerre mondiale du vingtième siècle.

J'ai découvert cette ville lors de mon Camino sur le Del Norte et je revois le « triste » tableau de Picasso représentant la souffrance du peuple massacré que j'entends encore hurler... Cette toile est maintenant exposée à Madrid. C'est une œuvre colossale qui accentue l'horreur de cette terrible page de l'histoire humaine moderne. Picasso avait osé défier le pouvoir de Franco en présentant cette œuvre grandiose lors de l'exposition universelle à

Paris de 1937 alors que les stands de l'Italie et de l'Allemagne prônaient déjà la guerre… !

Je sors de ma torpeur pour prendre conscience de ce qui m'entoure. Je suis bien loin encore de la place de Santiago à découvrir au bout de mon voyage ! Il me reste tant de pistes, de sentiers à parcourir, pour admirer le cœur historique de cette ville-sanctuaire. Pourtant mon esprit vagabonde très souvent depuis que j'ai rejoint l'Espagne. Impossible de le dompter en permanence. Il flotte et virevolte autour de moi comme s'il voulait prendre de l'avance, pour se présenter à Saint-Jacques, plus vite que mon corps, qui lui avance tellement lentement.

Tout en marchant, j'imagine encore les pèlerins à l'arrivée, qui devront reprendre la route ; certains rentreront chez eux et retrouveront avec tristesse le lot des pollutions sonores, visuelles et odorantes ; d'autres continueront jusqu'à l'océan, à plusieurs jours de marche en direction du cap Fistera et jusqu'à la péninsule de Muxia, le long de la côte Atlantique. Là-bas, ils devront vraiment s'arrêter face à la fin des terres…

Pour certains, cette partie est considérée comme étant hors du Camino, même si beaucoup d'entre nous, moi y compris, veulent rejoindre le bout du bout pour toucher l'océan. C'est un moyen de se sentir comme au Moyen-Age, au bord du monde, sans autre alternative. Cette fois-ci, il faudra réellement repartir, sans moyen de gagner quelques pas de plus, quelques mètres encore, à moins de se métamorphoser en oiseau ou en poisson. L'épilogue de ce voyage s'achèvera définitivement en ces lieux pour moi aussi. La certitude s'est imposée à moi, avec un aplomb qui n'accepte aucune discussion ou négociation. Ma conscience a pris le dessus sur mon corps irrémédiablement.

Mon esprit, après sa folle escapade, a rejoint de nouveau mon enveloppe corporelle, pour reprendre mon cheminement, à pas d'homme. Ces pas d'hommes qui racontent également mon pays d'origine, mes racines arméniennes.

Ainsi tout en marchant, je repense à mon arménité, à mes grands-parents et à tous ceux ayant été contraints de prendre la route pour fuir la mort. Je me souviens des mots de mon grand-père qui, par chance ou par destin, me racontait avoir survécu tandis que toute sa famille avait été massacrée dans son village. A l'âge de six ans, face à l'horreur il décidait de partir seul, de quitter à pied ce village, où tous ceux présents à ce moment-là, avaient été assassinés par l'empire ottoman.

La Turquie actuelle, qui n'a toujours pas reconnu le premier génocide du vingtième siècle perpétré à partir de 1915. Mais la mémoire, elle, ne peut s'effacer. " Oublier, c'est trahir " et nous n'oublierons jamais ! Tant que cet état niera cette reconnaissance de la vérité et imposera la négation de l'histoire, nous n'oublierons jamais !

Il nous restera toujours les récits de nos grands-parents survivants par miracle, il nous restera toujours les âmes de ceux qui ont été génocidés, puis oubliés dans les charniers.

Lorsque je chemine, ils sont encore présents dans mon esprit. Par moments, sous le crissement de mes pas, j'entends le frissonnement de leurs tristes complaintes, je ressens l'effroi des pas de l'enfant perdu qu'était mon grand-père, d'une vie en sursis devant fuir ce village sans plus aucune âme qui vive…

Partir seul ainsi sans savoir où l'on va ; marcher sans but, sans billet retour, simplement pour survivre ; se cacher pour échapper à la folie meurtrière des cavaliers turcs ; et puis, épuisé, assoiffé après des heures de marche, la nuit venue, frapper à une porte au hasard dans un village inconnu et regarder impuissant, son destin se jouer en si peu de secondes.

De quel côté du filet la balle va-t-elle retomber ? Dans le camp de la vie ou celui de la mort ? Il suffit de si peu de choses et puisque je suis là à écrire ces mots, c'est que le destin a tourné en sa faveur et que la porte qui s'est entrouverte l'a protégé. D'autres n'auront pas eu cette chance…

Mais nous, les petits-fils et petites-filles des survivants, nous restons debout pour témoigner de cet ordre de planification visant à éliminer notre peuple. Cette Arménie à laquelle j'appartiens, a vu 1 500 000 des siens disparaître lors de ce génocide…

On nous appelle les Arméniens, c'est souvent sans savoir où se trouvent nos terres sur lesquelles ont vécu, depuis plus de 2000 ans, nos aïeux, descendants du Ourartou. En raison de sa position géographique, cette région bloquée entre trois mers, la mer Noire, la mer Caspienne et la mer Méditerranée, a vu tellement d'invasions et de persécutions ! Ce patrimoine culturel de l'humanité, premier peuple chrétien du monde, a subi les jougs des envahisseurs qui redéfinissaient les frontières au gré des guerres. L'occupation par la Turquie actuelle marquera le début d'une période de souffrance et d'un long calvaire pour éliminer les nôtres, méthodiquement.

En réalité bien avant Rome, nos ancêtres avaient bâti sur les ruines des temples, la première basilique du monde, à Etchmiadzin, près de la ville d'Erevan et du lac Sevan, qui signifie : " le fils unique de Dieu est descendu sur terre ".

Aujourd'hui encore, Etchmiadzin reste le siège de l'église apostolique arménienne dans cette petite Arménie enfin indépendante, et toujours vigilante aux pays qui l'entourent et qui la menacent malheureusement encore, comme au Haut-Karabagh. La survie obéit à des règles, dont celle de ne jamais baisser la garde !

Alors tout en marchant, j'imagine des hordes d'hommes, de femmes, de vieillards et d'enfants ainsi déplacés partout dans le pays. Ils ont été jetés sur les routes, officiellement pour leur sécurité, mourant de faim, de soif, ou sous les coups de leurs bourreaux. Finalement, après des jours et des jours d'errance, les plus résistants finiront massacrés et oubliés au fin fond des déserts...

Vingt ans après l'ignominie, un dictateur utilisera les mêmes méthodes, après son sinistre galop d'essai à Guernica, pour exterminer un autre peuple, en modernisant les moyens de le faire disparaître rapidement, et entraînant le monde avec lui, dans la deuxième guerre mondiale.

Est-ce cela qui me conduit à entreprendre aussi ces marches, mon grand voyage ? Certainement ! Je suis persuadé que la mémoire collective nous permet de ne jamais oublier les êtres humains ainsi disparus, et cependant toujours bien vivants dans nos esprits et dans nos cœurs. Nous sommes leurs descendants et nous avons le devoir d'obtenir la reconnaissance par la Turquie qu'ils ont été les victimes d'un génocide atroce, pour que leurs âmes reposent enfin en paix... Dans les bois, de grands arbres me protègent parfois de la pluie ou encore de la canicule en filtrant les rayons du soleil et sortant de terre leurs racines serpentent sous mes pieds, retraçant ainsi leurs histoires. Mais où sont les miennes ? ...

Bien sûr, ce qui me fait avancer, mon carburant, n'est souvent qu'un doux mélange de convictions bien différentes. L'étincelle qui m'a fait partir est toujours là, si puissante et si régénératrice. Sa bienveillance illumine ma route chaque jour. La cathédrale du Puy est loin à présent, mais j'ai toujours l'impression de demeurer à l'abri, en son sein, protégé par son énergie positive. Chaque fois d'ailleurs, que je reviens dans cette ville du Puy, je goûte ce profond bien-être, cette véritable impression de revenir dans ce refuge doux et bienveillant, si protecteur.

Bien que je sois désormais loin d'elle en termes de kilomètres, et que celle de Compostelle reste encore invisible à mes yeux, je ressens, pourtant, une chaîne d'amour qui les lie entre elles, et me fait avancer, sans plus aucun doute sur ce voyage. En conscience, je les ai tous laissés derrière moi, et cela a grandement allégé mon sac, d'un poids incommensurable. Cette chaîne d'amour est faite de maillons, ce sont les pèlerins derrière et devant moi. Je suis parmi eux, tel un grain de poussière, un morceau du chemin presque invisible parmi des millions d'êtres qui m'ont précédé et me suivront encore. Le matin marchant vers l'ouest, le soleil dans le dos, me permet de distinguer devant moi, mon ombre. Elle se reflète sur la route et m'indique mon avenir immédiat. Plus tard, au fur et à mesure, elle disparaît jusqu'au milieu du jour à midi. Puis le soleil dans les yeux, face à moi, l'ombre réapparaît, cette fois derrière mon corps pour me permettre d'apprécier le chemin parcouru. Y compris les jours nuageux, voire pluvieux, je discerne cette présence qui me porte vers ma destinée, en direction de l'ouest.

J'ai compris que, même épuisé, nous avons encore des ressources pour avancer. Et si vraiment nous désespérons, les autres êtres, bienveillants, deviennent à leur tour le carburant nouveau pour repartir, car nous sommes faits pour vivre ensemble. Au-delà, une troisième force encore, nous transcende quand nous en avons le plus grand besoin. Elle est divine et nous lui adressons nos prières chacun à notre manière…

Ces trois chemins cohabitent, les uns à la suite des autres ou simultanément en synergie joyeuse à nous de les sublimer au mieux pour cheminer pas à pas vers notre métamorphose !

11. La métamorphose du cheminement

"Ce que tu es, parle si fort que je n'entends pas ce que tu dis… N'allez pas où va le Chemin. Allez là où il n'y en a pas encore, et ouvrez la route." (Ralph Waldo Emerson)

La route me porte et me guide sur les étapes qui se succèdent, simples ou plus difficiles quelquefois, avec quelques blessures qui auraient souvent pu m'empêcher d'aller plus loin. Mais il y avait une volonté plus forte en moi, et petit à petit, je prenais conscience de mes capacités, bien plus grandes que je ne le pensais lors de la première partie de mon voyage.

Les rencontres avaient été pour certaines, des compagnons de route de quelques jours, de quelques heures, voire de quelques minutes parfois. Nos échanges et partages à propos de nos ressentis, nos réflexions quant à nos chemins matériels et immatériels, ont nourri nos pas jusque-là et constituent notre quotidien. Notre corps a trouvé ses repères, il est en équilibre, à l'écoute de ce qui l'entoure, attentif aux dénivelés et sait dénicher le point d'eau potable dans un village. Avant que la clarté du jour ne se fonde dans la brume montante, et que l'étape quotidienne s'achève, il nous faut encore et toujours trouver un nouvel endroit pour dormir, souvent inconnu le matin même, et propice à d'importants sujets de discussion entre nous.

Tout cela, ainsi que mes nombreuses réflexions intimes et personnelles, me font évoluer dans mon cheminement à la fois intérieur et terre à terre.

Allant de l'avant, mes sens sont aiguisés et s'ouvrent à tout ce qui m'entoure et à ce qui est en moi. Prenant le temps de vivre, je découvre l'intensité du temps qui passe, qui me frôle, égrenant les secondes, les unes après les autres... Mon corps ressent la caresse qui m'aide à atténuer et accepter la difficulté de l'étape du jour. Tout mon être s'unifie et communie permettant ainsi à mon esprit de respirer et retrouver l'élan de marche, afin de vivre au plus près de l'instant présent. Je continue ainsi, sans pression, persuadé que j'irai jusqu'à l'océan. Est-ce écrit quelque part ?

Au fil du temps, les étapes derrière moi, s'ajoutent les unes aux autres, tels des petits cailloux sur la route. Ceux-ci bien sûr, ne servent pas à me retrouver comme " Le Petit Poucet ". Car je sais que mon chemin est bienveillant et n'est pas fait pour me perdre mais pour me redécouvrir. Je n'éprouve aucune envie d'opérer un demi-tour, ni de faire marche arrière, mais plutôt de me retourner un instant, pour prendre conscience des étapes parcourues, sans n'avoir jamais été dans une course effrénée. Paradoxalement, la lenteur est garante de ma réussite. Le Puy-en-Velay est déjà bien loin. Ainsi, j'ai réellement parcouru tous ces kilomètres devenus des dizaines, puis des centaines, et enfin des milliers. Il n'y a pas de gloire, mais je sais que je ne suis plus réellement la même personne qui atteindra Compostelle. Je suis moi-même, je suis ma propre route, elle m'est personnelle au milieu des pèlerins de plus en plus nombreux, en approchant de Saint-Jacques. Personne n'aurait pu me l'expliquer au début de mon parcours. Tout se dévoile progressivement, peu à peu, lentement, au rythme de mes enjambées, sans précipitation, en suivant le processus, pas à pas, marche après marche, étape après étape... Je n'attends rien, mais tout se révèle logiquement. Je contemple le monde avec émerveillement, tel qu'il est, et non comme je voudrais qu'il soit ou comme je l'imaginais. Est-ce cela l'une des leçons essentielles ?

Je suis comme l'eau d'un glacier qui jaillit au départ d'une source. Serpentant entre les rochers, elle creuse son lit, parfois sinueuse, puis de plus en plus rapide et puissante. Elle devient torrent, elle évite les obstacles naturels et poursuit son cours, dévale dans les méandres de la montagne. Puis, plus calme, elle se transforme lentement en un grand et vaste fleuve, imposant, qui finira lui aussi, par rejoindre l'océan. Est-ce une fin ou une renaissance pour elle ? L'eau d'origine est-elle différente ? Retournera-t-elle au glacier pour une nouvelle existence, enrichie des connaissances acquises lors de son périple ? Une renaissance en apparence identique et pourtant embellie !

Nos vies ressemblent à cette eau. Nous apprenons quotidiennement et ces nouvelles connaissances acquises nous transforment lentement, mais sûrement. Si chaque jour apporte une leçon de vie, je crois que ces jours passés sur le Camino ont été très fructueux à cet égard. Tout devient si simple et clair, sans précipitation. Je perçois que cela s'inscrit dans une suite logique dont j'entrevois furtivement la formule, mais la réalité est plutôt que nous avons tous des choix, nous menant sur des routes qui nous font devenir ce que nous sommes, avec l'espoir d'avoir pris la meilleure direction pour notre vie.

Le sablier se vide, sans se presser, et nous ne savons jamais combien de jours il reste à égrener. Les grains s'écoulent, doucement, sans interruption, semblables à cette terre qui tourne constamment, en gardant son rythme. Je me fonds dans ce mouvement. Mon sable aussi va rejoindre l'océan. Je dois donc déjà penser à lui. Il n'est pas si loin de moi. Désormais, je le devine sans besoin de calculer la distance qui m'en sépare. Je ressens son intensité olfactive. Le parfum de l'iode, porté par le vent, m'enveloppe langoureusement. Il me caresse doucement, me satine… A chaque pas supplémentaire vers la fin des terres, il me " voile " un peu plus de son aura et me voilà porté et guidé par cette légère brise marine, tel un grain de poussière d'or à polir. Il n'y a jamais de finalité, seulement une transformation intérieure de mon être, avant d'autres métamorphoses à venir. Les signes sont là, de plus en plus présents, au fur et à mesure de l'approche de Compostelle. Est-ce moi qui m'en rapproche réellement ou vient-elle me chercher pour m'étreindre dans ses bras ? Une nymphe me conduit délicatement vers mon divin destin, vers ma mue future…

12. Le Mont de la Joie

"Nous sommes juste deux âmes perdues nageant dans un aquarium, année après année, courant sur la même terre usée. Qu'avons-nous trouvé ? Les mêmes vieilles peurs. J'aurais aimé que tu sois là."
(Chanson de Pink Floyd : Wish You Were Here)

Là encore bien avant l'océan, j'essaie de me préparer pour mon arrivée à Santiago. Le chemin change, les périodes de solitude sont de moins en moins fréquentes au fur et à mesure de mon avancée. Le nombre de pèlerins en tout genre augmente. Je m'en accommode tout en évitant les groupes bruyants dont les vêtements sont souvent trop propres et les chaussures trop neuves. Ici, les repères de la vie moderne sont inversés. Souvent les jeunes Espagnols ne font que les cent derniers kilomètres pour obtenir la Compostela, cela devient pour eux une marche festive et joyeuse que je comprends, néanmoins bien éloignée de mon évolution personnelle et l'éveil de conscience atteint au fil de mes étapes.

De plus en plus de bornes jacquaires et de flèches jaunes, indiquant l'emplacement de notre destination se multiplient, en même temps que les gîtes et les lieux délivrant un tampon pour la crédenciale. Ce trop-plein dessine déjà au loin, presqu'à l'horizon, la si célèbre Compostelle avec son lot de démesures, d'excès en tout genre, semblable à Lourdes. Je connais déjà la difficulté à rejoindre la cathédrale, mais je suis prêt. J'ai créé ma bulle de protection tout au long du voyage pour affronter cette rencontre. Compostelle n'est qu'une étape non pas l'ultime, ni un aboutissement, je le sais bien maintenant. Je veux simplement profiter des aspects positifs de cette arrivée, tel un tremplin nécessaire pour rebondir, repartir plus loin et encore plus fort vers l'océan.

Oui, me voilà conscient et rassuré à présent. Rien n'est difficile, mon corps et mon esprit sont bien préparés. Je saisis la nécessité de chaque étape et sa valeur spirituelle pour toucher au but. Chacune d'entre elles est un cheminement initiatique. Je n'attends rien réellement de cet endroit, même si je sais que l'émotion d'y parvenir enfin, sera forte. Je le remercie simplement d'être là et de m'avoir permis de mieux me découvrir, mais je ne lui demande rien.

Et justement en ce matin ordinaire, voilà Compostelle la belle, qui m'apparaît en contrebas du Mont de la Joie ! Le Monte Del Gozo dévoile en pleine lumière le " champ de l'étoile ".

Au loin, les tours de la cathédrale, d'abord floues dans la brume, ressemblent à un rêve, à un mirage. Car même s'il ne pleut pas, il y a une eau très salée qui coule sur mon visage, sans que je ne puisse arrêter son ruissellement… Je me souviens de mes larmes au départ du Puy. Je ne les comprenais pas, cependant elles ont porté mes pas d'un édifice à un autre… Je suis déjà arrivé dans les faubourgs de la ville, sans même m'en rendre compte. Je ne marche pas, je glisse. Ces derniers kilomètres sont si faciles pour moi, après tant d'autres parcourus. L'exaltation est si pure, elle submerge tous mes sens ; elle soulève une insolite joie de vivre et d'allégresse d'aimer, si singulière, propice à un étrange et mystérieux épanouissement de bonheur…

« Un Pèlerin arrive », semble murmurer le souffle du vent.

Au-dessus, l'ange lui répond :

« Encore un être qui entre dans la Lumière. »

Me voici dans le centre-ville, puis la vieille ville, les ruelles défilent à vive allure. Je me rappelle peu les lieux traversés lors de ma première arrivée, comme lors de mon premier départ. La pluie de mes yeux continue de couler sur mon corps, ma respiration est rapide et pourtant sans raison physique. Et soudain, sans prévenir, je me retrouve au pied de l'imposante cathédrale ! Un arrêt, pour lever les yeux vers ses façades puis vers le ciel pour le remercier. Il faut calmer ma respiration avant les derniers pas et tenter de contenir mon émotion, parvenue à son paroxysme.

Sous mes larmes, la joie est incommensurable, tellement profonde. Une mélodie dans ma tête… ou bien est-ce sous le porche qui mène à la grande place, devant la façade et la statue de Saint-Jacques au sommet ? Je ne sais pas. Je reconnais cette chanson, une de mes préférées de Pink Floyd : Wish You Were Here ! Est-ce un message pour le futur ? Ce porche, dont la sonorité apparemment parfaite pour les musiciens, offre l'entrée au pèlerin dans la lumière, tel un prince de Galice ! Dans nos modestes tenues d'un autre temps nous sommes sans richesse apparente, et néanmoins nous possédons une fortune inestimable au regard de tous les royaumes terrestres, car nous sommes des rois en devenir. Le halo qui nous enveloppe est un cocon de renaissance.

Cette lumière invisible qui nous anime, rayonne au-delà de notre planète bleue, pour toucher et rallier l'univers tout entier. Notre étincelle est devenue un rayon céleste de bienveillance qui accompagnera à jamais ceux qui nous entourent, car ils sont essentiels.

La vieille ville et sa cathédrale sont tellement belles ! Je resterais des heures, bouche bée, dans le vaste édifice aux trois nefs, à admirer toutes les richesses architecturales sous le regard de Saint-Jacques et de l'illustre "Botafumeiro" suspendu, qui à l'origine servait à parfumer ce lieu… Les places aux alentours où je flâne toute la fin de journée, sont devenues de grandioses scènes antiques. Sous mes yeux fascinés, j'assiste à une représentation théâtrale permanente, accompagnée de diverses musiques et d'éclats de voix. Chaque nouvelle arrivée de pèlerins est l'occasion de rires, de pleurs, d'embrassades, de retrouvailles et de regards lumineux qui m'émeuvent au plus profond de mon être. C'est une mélodie d'amour, de renouveau et de paix.

Le voyage ici est perpétuel, il n'a ni fin ni commencement, en mouvement permanent comme l'univers. Ainsi il demeure, éternel, comme dans nos cœurs éclairés. J'aimerais camper là, contempler indéfiniment cette pièce de théâtre, avec ses actes continuels d'émotions. Mais demain déjà, je devrai repartir et poursuivre jusqu'à l'océan, en préservant l'intensité de toutes ces lumières offertes à mon âme.

En parlant d'âme, je me souviens d'une conversation un soir dans un gîte, au début de mon voyage avec un hospitalier. Nous discutions du chemin et je lui avais confié à quel point ma souffrance physique, notamment due à mes blessures, m'avait tétanisé, presque paralysé, lors de la difficile étape du jour. J'avais eu l'impression qu'elle s'était emparée de tout mon corps et avait pris possession de mon être. Il me sourit et me dit :

« Tu sais, le Chemin est toujours divisé en trois parties ou étapes : d'abord la partie physique semée d'épreuves, avec nos souffrances liées aux efforts quotidiens à surmonter ; ensuite vient le temps de la spiritualité, notre esprit en est le siège, sa puissance intérieure s'anime à la fois, grâce à la pensée, aux émotions et aux sentiments ; enfin, nous atteignons le domaine immatériel de l'âme, le "soi" intangible. Son espace survit même après la mort terrestre et passe dans un autre monde souvent appelé l'au-delà... Lorsque tu franchiras cette dernière étape, tu découvriras qui tu es réellement et ce que tu es venu chercher ici. »

À l'époque, je savais que j'étais encore dans la première partie, au regard de l'étape du lendemain qui fut très rude pour mon corps. Depuis, cette discussion me revient régulièrement. Physique, Esprit et Ame, maintenant où en suis-je à présent ?

Peut-être faisons-nous partie de ces femmes et de ces hommes qui, à leur manière, refusent les cadres qui nous sont imposés, ayant besoin de toujours trouver de nouvelles échappatoires.

Le désir d'être anticonformiste, chacun à son niveau, ou rebelle sans même le savoir, est inscrit en nous tel un gène d'ADN indélébile. Mais cela ne signifie pas blesser les autres. Nous ne mettons en jeu que nous-mêmes, en protégeant au mieux les êtres qui nous sont chers. Il suffit parfois d'une minuscule étincelle dans nos vies pour raviver ce désir d'évasion animé par cette force.

Nous soufflons sur les braises de notre feu intérieur, réactivant la brise présente en chacun de nous, déclenchant ainsi la salutaire tempête ou le tsunami salvateur.

Similaire à une nouvelle naissance paisible et spirituelle, nous découvrons la vérité sur notre réelle nature. Chaque pas supplémentaire nous ramène à nous-mêmes dans une quête éternelle, sans limites, pour le bien à transmettre à nos semblables.

Nous leur offrons chacun de ces pas, l'un après l'autre, petit à petit, comme le font tous ceux qui entreprennent des exploits pour émerveiller chaque être humain. Les nôtres restent modestes, et en cela, ils transmettent simplement une part de rêve à l'humanité tout entière, pour que certains à leur tour, prennent le Chemin. Pour nous, c'est la meilleure des récompenses, en devenant ainsi des « passeurs » de bâtons ou de bourdons ! A propos de mes bourdons justement, ils deviennent impatients et me poussent à repartir dès demain, à me porter toujours plus vers l'ouest, vers l'océan ; l'Atlantique ; le bout des terres !

Mais avant ce jour d'après, il me reste toute la journée et la soirée pour m'imprégner de cette ville et de son doux protecteur de l'Espagne, conservant en moi tout le sens positif de ce lieu pour atteindre enfin le bout de la Terre Promise.

De nombreux pèlerins sont parvenus jusqu'ici en cette mi-mai et arpentent les ruelles de la vieille ville. En me déplaçant, j'entends une multitude de langues joyeuses s'entremêler. Une fois les premières émotions passées, chargées, intenses, les Jacquets croisés ici et là partagent souvent la même déception, d'être parvenus au terme du voyage... Ensuite, toujours sous le poids de notre sac à dos, nous nous rendons au "Bureau d'Accueil à l'attention des Pèlerins". Nous patientons quelquefois longtemps pour obtenir l'accréditation, la précieuse attestation, la Compostela. Nous nous reposons dans le magnifique jardin privé attenant, réservé aux pèlerins. Puis une fois notre diplôme en poche, comme de jeunes étudiants, nous retournons vers la grande place, face à la cathédrale avant de la visiter de nouveau, parfois plusieurs fois, et de s'y recueillir.

Là, sur la grande place, devant la façade baroque de la cathédrale, personne ne veut plus rentrer chez soi. Nous restons plantés telles des statues d'un autre temps, au milieu des touristes qui nous poussent et nous bousculent. C'est à celui qui obtiendra le meilleur angle, la meilleure photographie ou vidéo de la façade avec la statue de Saint-Jacques en pèlerin à son sommet. Nous sommes là, parmi eux, mais ils ne nous voient pas, préférant encore la statue de pierre. Les pieds au centre de la place, enracinés au plus profond du magma de la terre, au grand dam des touristes, nous ne voulons ni ne pouvons plus réellement bouger. J'ai observé longtemps, ce ballet à la fois drôle et triste.

Les larmes, lorsque nous ne les retenons plus, sont teintées en même temps de joie, la joie d'être enfin là, et de tristesse, celle de devoir déjà repartir. Déjà !

Chacun, dans ses propres mots ou ses attitudes, exprime cette contradiction, ce paradoxe, et c'est toujours la même réflexion qui a animé notre cheminement pour parvenir jusqu'ici. En serions-nous capables ? Non seulement capables de marcher jusqu'ici mais aussi de vivre différemment et rompre nos routines ? Au-delà, c'est notre façon d'exister demain, qui est transformée.

Se remémorer les émotions que nous avons ressenties tout au long du voyage, c'est comme revisionner un film en accéléré, au son des musiques et des chants qui s'enchaînent ici, et nous restons là, magnétisés par le lieu. Un véritable retour aux sources, où le Divin nous invite à revenir à l'essentiel de nos existences. Nous a-t-il choisis ? Je ne le crois pas ! Il a simplement allumé l'étincelle pour éveiller nos consciences, une graine semée qui grandira peut-être si nous lui apportons toute l'attention et les soins nécessaires. D'autres semences, de plus en plus nombreuses, naîtront ainsi.

La journée avance vite et de nouveaux pèlerins se présentent à leur tour, comme ils peuvent, parfois épuisés, au point de s'allonger au sol en arrivant. Ils récupèrent et profitent du temps présent, à côté de leur sac et leurs bâtons, ces compagnons les ayant amenés jusque-là. Ils se créent alors leur propre bulle et s'isolent afin d'apprécier ce moment hors du temps, au sein de la grande place Obradoiro, avec ses bâtiments représentant les quatre pouvoirs : le pouvoir religieux, le pouvoir intellectuel, le pouvoir politique et le pouvoir économique devenu lui avec le temps si puissant.

Nous ne finissons pas de contempler ces lieux. Des bulles de décompression nous sont nécessaires en effet, car nous ne sommes plus vraiment seuls, comme c'était le cas sur le Chemin… Un flot de cars de touristes venus du monde entier, souvent en voyages organisés, afflue de toutes parts.

À l'intérieur de la cathédrale, ces touristes nous regardent et nous perçoivent souvent comme des êtres fous et décalés, d'un autre temps. Préférant finalement filmer l'admirable "Botafumeiro" en laiton argenté, le plus grand encensoir du monde et dont le mécanisme a été conçu au seizième siècle, ils ne nous laissent aucune place assise. L'encensoir qui se balance très rapidement d'avant en arrière, mettant en scène la messe du vendredi soir, est tellement spectaculaire, que le flot de touristes fait fi du respect et des bonnes manières. La valse des téléphones portables, essayant de suivre en vain les mouvements du "Botafumeiro" fumant, est toutefois impressionnante et presque risible. Très peu d'entre eux remarquent notre présence, quand d'autres s'étonnent de notre attitude quelquefois exubérante lors de nos retrouvailles avec nos compagnons de voyage, perdus parfois depuis plusieurs étapes et qui pénètrent à leur tour dans l'édifice. Notre joie dérange dans cette cathédrale guindée avec ses fidèles endimanchés pour le spectacle.

Je crois que Dieu s'est exilé dans les gîtes et a pris la place de certains pèlerins ! En tout cas, Il n'est plus là ! Je L'ai trouvé davantage dans les auberges lorsqu'il restait un lit de libre ou un couvert pour le voyageur du soir, j'imagine que ce ne fut pas sans hasard… Parfois Il frappe sans prévenir à notre porte, souvent sans que nous le sachions…

Oui, il faut repartir pour espérer Le découvrir.

13. Repartir, continuer ou revenir ?

"Revenir, et je reviens de loin. Nous partîmes par millions, nous revînmes bien moins. Mais il reste des lions, revenir quand on n'a plus de noms... Voyageur sans bagages, j'étais partie un jour..."
(Film de Claude Lelouch : Partir, revenir)

Un jour donc, pour tous les pèlerins, il faut quitter ce lieu, après avoir découvert le tombeau de Saint-Jacques, admiré la cathédrale, ses palais, ses splendides places environnantes et s'être abandonnés dans les rues de la vieille ville, où la pierre de granite contraste avec le vert des jardins.

Poursuivre plus avant ou revenir vers nos vies ?!

La redécouverte de soi et de ce qui nous entoure tout au long du Chemin a été une révélation personnelle. Si nous avons déjà su répondre aux questions que nous nous posions au départ, nous pouvons être satisfaits ! Désormais, d'autres questions ô combien plus importantes, s'imposent. Faudra-t-il un autre voyage pour les résoudre ? Revenir par une autre voie ? Il y en a tant !

Peut-être qu'à présent, plus aguerri, avec un peu d'expérience, aller à Rome ou Jérusalem fera-t-il partie de ma destinée ? Dieu est partout, et même s'Il n'est que rarement là où nous l'attendons. S'Il a été présent dans ces villes, je ne pense plus qu'Il y soit resté, c'est évident. Le flot de touristes donne parfois la nausée ; comme si rien d'autre n'avait plus d'importance que de prendre la meilleure vidéo, la meilleure photographie, sans prêter la moindre attention, aux êtres humains qui les entourent, ni au véritable sens que représentent ces lieux.

Bien sûr, ces sentiments étaient fortement liés à mon état lors de mon arrivée en ces terres ; j'étais moi-même dans ma bulle, tel un étranger bien incapable à se fondre dans ce qui m'entourait. L'écrire, et le relire à présent avec du recul, me semble violent... Mais, c'était bien ce que j'ai ressenti sur le moment, lors de ma toute première arrivée à Saint-Jacques.

Ainsi, quitter la capitale de la Galice est une nécessité aussi forte que d'y parvenir. En revanche, revenir au cœur de cette vieille ville me procure à chaque fois, la même émotion, avec la sensation de devoir suivre de nouveaux Chemins.

Revenir ici deux ans plus tard, par la voie Portugaise, la "Via Lusitana" sera un sentiment encore plus intense, comme celui de retrouver un vieil ami que nous n'aurions pas vu depuis longtemps, en ayant le besoin de l'étreindre chaleureusement avec allégresse. Une régénérescence de bien-être pour mon corps et un enrichissement authentique pour mon esprit. La métamorphose s'amplifie !

14. En route pour cap Fisterra !

*"Contre le passé y'a rien à faire, il faudrait chan-
ger les héros dans un monde où le plus beau reste
à faire." (Chanson de Daniel Balavoine : Tous les
cris les S.O.S)*

Le plus beau reste à faire en ce qui me concerne ; encore quelques étapes avant d'atteindre l'océan ! Elles défilent avec une joie et une sérénité absolue comme « la cerise sur le gâteau » de mon cheminement en fête. Je sais que me rendre aux confins de cette terre hispanique fait partie de ma métamorphose. Rien ne semble ébranler mon moral, pas même la pluie battante, qui m'a accompagné pratiquement en continu, sur ces trois derniers jours. C'est souvent le cas par ici, à l'extrême ouest de la péninsule ibérique. Le soleil reviendra lors de ma montée prochaine vers le cap, grâce au vent qui chassera les nuages noirs chargés de pluie "bretonne". J'aurai cette chance, tout comme lors de mon ascension vers Roncevaux, de pouvoir contempler à perte de vue cet infini paysage, jusqu'à ce que l'horizon se confonde avec le ciel. L'eau de la fontaine de Roland alimente encore mon corps, guidant ainsi mes pas vers celle de l'océan, où lorsque je l'aurai rencontré, nous ne ferons plus qu'un.

Cette dernière ascension jusqu'au sommet de la falaise me semble facile, comme si je me laissais porter sur un tapis « volant ». Mon cœur est léger, mon sac aérien, on dirait une plume, tout est simple ! Ma femme m'a rejoint pour cette dernière et ultime portion, tout comme elle était là, près de moi, au début de mon voyage. Le bonheur de la retrouver à mes côtés est le cadeau suprême du périple. Son regard est essentiel à ma vie. Tout est en ordre pour atteindre le haut de ce rocher mythique. Toutes les étapes du parcours défilent en moi en accéléré, pour me rattraper sur le tapis élancé qui me transporte. À moins que, sans m'en rendre compte, des anges se soient eux-mêmes abrités sous mes pieds, pour me porter de leurs ailes... Tout est serein en moi. La dernière borne kilométrique est juste là, indiquant le point zéro. Elle n'est plus qu'à quelques mètres seulement ! Combien de bornes jacquaires ai-je croisées depuis la ville du Puy-en-Velay ? Je l'ignore ! Je me souviens de certaines d'entre elles dans les moments difficiles, telles des récompenses. Cette dernière est une offrande, le cadeau divin de la dernière case d'un calendrier de l'Avent, celle du 24 décembre. La boucle est bouclée, et pourtant ce n'est qu'un accroche-cœur d'une corde sans fin, partie du Puy !

Sur les hauteurs à ma droite, j'aperçois le sanctuaire et le phare, solidement ancré sur cette dernière terre à rejoindre pour achever ce fabuleux voyage. L'envie de poursuivre encore un peu plus loin, me conduit à avancer périlleusement avec mon sac, sur la roche de granit. Le vide n'est jamais loin et la vue vertigineuse sur l'océan me rend infiniment petit. Y a-t-il un au-delà après le point zéro ?

15. Au-delà du point zéro

"Approchez-vous de Dieu ; et Dieu s'approchera de vous." (Saint-Jacques)

De vous à moi, je suis dans l'incapacité de savoir ce qu'est réellement ce point zéro. M'approchant au plus près du précipice tout au bout du cap, je tente de franchir le seuil ultime. Me voilà redescendant dangereusement entre les rochers, surplombant à pic l'océan, à plusieurs centaines de mètres en dessous de moi. Je repère un autre pèlerin, s'étant aventuré encore un peu plus bas. Un simple geste de la main nous relie instantanément. Je le rejoins. Quinquagénaire, il a décidé un matin, de partir d'Annecy. Les épreuves de la vie lui ont signifié que c'était le moment de prendre son sac. Il a cheminé ainsi plusieurs mois et son visage porte les stigmates de ce long voyage. La fatigue est visible après toutes les difficultés qu'il a endurées, mais le bonheur dans ses yeux est bien plus puissant et balaye tout le reste, emporté par les bourrasques jusqu'à l'océan touchant le ciel à l'horizon. Je n'ai rien à connaître de plus le concernant. Assis là, sur le haut du cap, adossé, presque fusionné au rocher, son sac et ses bâtons en équilibre, il est simplement heureux, et c'est tout ce qui compte. Je l'observe. Il savoure le moment, le vide sous nos pieds, face à l'infini océan Atlantique. Les yeux perdus dans le vague, se protégeant du vent qui fait claquer les eaux pleines d'écumes au pied de cet amas de roches, il contemple le spectacle éternel. Il tient en sa main un cigare, qu'il a gardé avec lui durant son voyage, avec la promesse de le fumer dès son arrivée et dont il se délecte. Son regard reflète la joie d'être enfin en ce lieu… Il me regarde et sourit, il lâche une bouffée de fumée et me dit en riant :

« Nous avons les mêmes chaussures mais les miennes sont plus usées. » Je ne peux qu'acquiescer en riant de bon cœur à mon tour, et lui réponds en pensée : « C'est vrai mon frère pèlerin ! »

Et en cet instant, simple et bref, nous communions sans un mot. Puis nous échangeons quelques paroles qui perdent peu à peu leur sens. Les bourrasques les emportent, décomposant et recomposant les syllabes en message dans une nouvelle langue, divine. Nous sommes presque invisibles, incrustés dans la roche, incapables de perturber cette immensité d'énergie indomptée. Seule la fumée du cigare trahit notre présence, en s'élevant par bouffées vers le ciel comme des signes d'un message céleste prestement dispersé par le vent, et pourtant éternel. Le flux et le reflux incessants des vagues, donnent un rythme au message : « Oyez, oyez là-haut, réjouissez-vous, voilà de nouveaux pèlerins et ils vous remercient. »

Nous n'avons rien d'autre à nous dire. Les mots ont laissé place au silence entre nous et en nous. Il est plus fort que toutes nos paroles devenues inutiles, et il n'est jamais vide, bien au contraire. Il s'impose dans ce moment de sérénité comme une évidence. Nous admirons ce spectacle perpétuel, aimantés à la paroi de la falaise, semblables aux crustacés sur les récifs, baignés par les eaux à 250 mètres plus bas, et nous sommes tout juste aussi grands qu'eux. Il y a des bonheurs indescriptibles, qui résonnent en chacun de nous, qui foisonnent en notre for intérieur, et ne nécessitent aucun mot... D'autres fumées aux alentours, au-dessus de nous tourbillonnent, d'autres pèlerins parviennent à leur tour sur le haut de Fisterra. De nouveaux hommes, brûlent ainsi leurs vêtements qui s'évaporent en fumerolles dans un cratère jamais éteint et elles montent au ciel inexorablement, en écho à l'infini message : « Oyez, oyez là-haut… »

En réalité, sans le savoir, nous avons déplacé jusqu'ici le "Botafumeiro" suspendu au ciel, juste pour nous, loin des touristes de Compostelle… La valse des téléphones portables est bien loin. Seule la brume d'ondes divines danse et s'élève en vapeurs célestes insaisissables et éternelles.

Un peu plus haut, au-dessus de nous, trône la sculpture en bronze d'une chaussure posée sur un rocher, symbole de la marche merveilleuse telle une empreinte indélébile. Loin du tumulte de Saint-Jacques, nous retrouvons l'authenticité face aux vagues qui se fracassent en écumes diamantées sur le cap au bout du bout des terres : celles du voyage, celles du monde à découvrir. Nous sommes partis simples marcheurs et nous voilà presque devenus des pèlerins. Comme Jacques était parti simple pêcheur et devint en Galice, Saint-Jacques-de-Compostelle.

Presque des pèlerins, car la quête est toujours en nous, exigeante, tel un devoir au cœur de nos vies tumultueuses. Il faut aussi apprendre à revenir. Revenir à des valeurs simples, prendre plaisir à vivre chaque instant et le partager, car le bonheur est contagieux et le plus beau reste à venir…

Happé dans un tourbillon, mon esprit s'échappe au loin. Il me remet en mémoire des mots, ceux du magnifique film de Roberto Bénigni : "La Vie Est Belle" puis ceux de Candide dans le conte de Voltaire : "il faut cultiver notre jardin"…

Mon jardin fleuri à cultiver est-il là, sur le haut de ce cap, à découvrir les beautés de la vie tout en regardant l'horizon ?

Je m'éloigne un peu plus en avant, incité peut-être par le souffle des mots qui me guident dans le dangereux dédale de rochers de plus en plus chaotiques. Je me retrouve de nouveau seul quelques instants, quelques mètres encore plus bas, encore m'accorder un infime moment de solitude régénératrice, une pause nécessaire avant de rejoindre ma femme restée en haut de la falaise et dont je goûte la présence bienveillante. Elle compte tant !

La fumée du cigare, un peu plus loin au-dessus de moi, se dissipe, et mon pèlerin, ami complice d'un instant, a disparu... Il est tout au moins désormais invisible à mes yeux, sans doute la brume l'ayant enveloppé et emporté davantage au loin. Je suis seul au monde, le vent voyageur traverse chaque cellule de mon corps en équilibre. J'accueille avec quiétude cet instant. Je ressens que tout se transforme autour et en moi. Mon esprit lévite, enivré par les délicats courants ascendants, il s'éclipse de notre dimension et lâche prise.

Il s'envole et plonge à présent dans l'océan tumultueux. Je repère une goutte d'eau, celle, jadis, tombée sans doute il y a déjà bien longtemps, sur la ligne de partage des eaux, et qui provient des glaciers. Je découvre les beautés cachées de cet espace. Et malgré le médiocre nageur que je suis, je respire un oxygène céleste sans crainte. Je frôle la naissance de la vie dans le cœur des profondeurs et bien au-delà, dans le puissant bouillonnement du magma originel. J'entends battre le cœur de la Terre en mouvement. Le crépuscule rejoint l'aurore et les solstices, les équinoxes.

Tout s'accélère de plus en plus comme si le temps m'était compté. Aspiré par un puits de clarté sans fond au firmament, me voilà transporté sans comprendre, dans l'espace jusqu'à la naissance de l'univers. Encore un point zéro, là où tout semble avoir commencé ! Peut-être… La création est en son centre et je ne suis qu'un infime micro-embryon en apesanteur au-delà de cette voûte céleste, découvrant l'origine du cosmos et la fragilité de l'existence sur terre. Celle qui nous est offerte et que nous devons préserver, puisque le cycle de la Vie est simple mais tellement aléatoire. La "Maison Terre" est un passage obligatoire bien qu'éphémère, une salle d'attente provisoire pour apprendre, ou tout au moins essayer de comprendre. La durée de cet enseignement physique et de la préparation de notre esprit est variable et nécessite souvent plusieurs vies, avant le Beau Voyage qui en découlera. Notre brève existence en transit à l'échelle du temps est bien relative. Le temps justement, s'il existe ici-bas, est un îlot, une oasis dans l'immensité du désert sidéral, un battement d'ailes. Notre " Maison " doit être protégée, pour notre survie, et pour bien plus encore, car il ne peut y avoir de retour en arrière. Le papillon peut-il redevenir chrysalide ? L'effet papillon est-il en ces lieux ? Je discerne comme une évidence son frémissement et son essor, dans ce souffle divin aux croisements des chemins célestes, source lumineuse au-delà de l'ultime étoile d'où jaillit son Angélus d'espoir : Paix éternelle sur la Terre !

Ai-je découvert des secrets sur la beauté universelle ? Je ne sais pas en réalité. J'ai plutôt appris à quel point notre présence est essentielle au sein de l'univers, sur cette petite planète que nous maltraitons tant ; une présence invisible aux yeux du cosmos mais jamais à ceux de Dieu. Une profonde tranquillité m'envahit. Il reste des incertitudes… mais mon âme a trouvé son Chemin. Tout a un sens dans notre existence, un sens que nous devons tous découvrir. J'étais assoupi, apathique dans les ténèbres, je m'éveille, en mouvement, en pleine lumière, éclairé par la Foi. Je comprends que tous les signes étaient là, mais que je ne les voyais pas, persuadé qu'ils n'étaient que des hasards ou des chances fortuites sur ma route. Je crois que l'Eternel n'est pas loin, j'entrevois une lueur remplie d'une force inconnue, admirable et sublime. Je semble ralentir ou alors, la vitesse et le temps n'ont plus de valeur en ce lieu. Je n'ai plus de peur. Ce qui se trouve ici est bonté. J'immortalise au plus profond de mon être, cet instantané de paix intérieure, de plénitude, de calme apaisant. Mon voyage atteint son apothéose. Dieu que c'est beau ! J'aimerais avancer encore un peu plus en avant, me diriger vers cette lumière bienveillante ; cette source qui m'irradie de ses rayons. Je ne suis qu'un passager, un atome, enveloppé de poussières d'étoiles ; flottant dans l'infini de cet espace, un lin blanc presque transparent scintille et me voile. Je voudrais rester là, en contemplation, en méditation, pour l'éternité, au sein de ce bien-être ; de son énergie de quiétude qui me pénètre, me traverse. Je ne bouge plus, le temps s'immobilise comme arrêté, en suspens... Un frémissement, calmement, germe dans mon esprit, tel un doux message venant me vivifier. Sa sonorité, au timbre empli d'amour, aux notes harmonieuses, me souffle : « Il te faut repartir. »

16. Il faut repartir sans peur de revenir

"Je ne connaîtrai pas la peur car la peur tue l'esprit. La peur est la petite mort qui conduit à l'oblitération totale. J'affronterai ma peur. Je lui permettrai de passer sur moi, au travers de moi... Le dormeur doit se réveiller." (Dune, Frank Herbert)

Se réveiller ? Ai-je dormi debout ? Cette voix intérieure si mélodieuse me répète plus insistante :

« Il te faut repartir, » et ajoute rassurante : « pour mieux revenir, tu ne peux tout découvrir en une fois... ».

Me revoilà de retour, les pieds enracinés sur la terre de Galice en équilibre entre le ciel et l'océan. Ce fabuleux transfert mystique durant lequel j'ai presque touché l'inaccessible, n'a peut-être existé que lors d'une fraction de seconde, un instantané, à peine le bruit du fracas d'une vague qui se brise sur le bas de la falaise à l'échelle de la terre, et cependant il s'est avéré être un voyage presque éternel dans cet espace-temps si diffèrent.

Désormais, ayant pris conscience de l'existence du berceau sacré, il me faut revenir en arrière, sans regret. Le Chemin m'a révélé son grand secret.

Je remonte lentement entre les rochers jusqu'au sommet du cap, où j'aperçois plusieurs endroits où d'autres fumées s'élèvent, la mienne est parmi elles…, et, doucement, après avoir dépassé à nouveau le phare, nous redescendons avec mon épouse, main dans la main, le Chemin qui nous a conduit jusqu'ici, sur ce bout des terres. Que puis-je lui transmettre de ce transfert ? A part lui dire qu'il me faudra revenir ! En me retournant à plusieurs reprises afin de graver éternellement ces images en moi, confiant pour l'avenir, je vois s'éloigner la dernière borne qui marque le kilomètre zéro. D'autres pèlerins arrivent encore à son niveau, le soleil les irradie éternellement... Une mélancolie joyeuse éblouit chacun de mes pas. Un papillon m'ouvre la voie. Ses battements d'ailes portent une valeur nouvelle. Je me sens authentique, libéré des croyances, des doutes et des peurs qui entravaient mes pas jadis et emprisonnaient ma liberté d'être. Cette introspection a aiguisé mes sens, a ressourcé les défenses immunitaires de mes cellules. L'énergie qui s'en dégage m'a reconnecté avec le vivant, le réel et l'Eternel. Mais comment le transmettre ?

Un livre ? Oui écrire ! Mais comment rédiger un manuscrit ?

Vivre l'instant présent et le vivre intensément, c'est partager les fortes valeurs spirituelles d'ouvertures au monde et à l'autre ! Je les ai cueillies au bord du Chemin, comme des cadeaux de la Providence, sans doute. Retrouver mon âme, la voir grandir au fil des méandres de mon Cheminement, la contempler, pour en offrir modestement sa quintessence à mes semblables, voilà ce qu'il me faut accomplir !

Même si ce moment semble éphémère au sein de mon existence, il demeure éternel. Un Camino se termine, tout comme nos vies terrestres au regard du cosmos, et pourtant…, je sais que je reviendrai, c'est écrit !

Le momentané n'existe pas dans l'intemporalité. Il y a tant à découvrir en se rapprochant, sans danger, un peu plus près de la lumière. Combien de fois, je ne le sais pas ! Mais je reviendrai. D'autres voies m'attendent et cette simple joie m'inonde de larmes prêtes à se fondre aussitôt au grand bain, emportées par le vent marin jusque dans les vagues en contrebas.

De l'eau au bord des yeux, je comprends que ce que je viens de vivre n'est qu'une petite goutte, une goutte d'eau salée dans l'océan, mais qui, si elle n'existait pas là, manquerait au monde. Tout est clair, limpide, transparent. *Rien ne se perd …*

Avec tous les pèlerins de la planète, nous ne faisons qu'Un, dans cette chaîne d'Amour, non seulement pour la Terre bien sûr, mais bien au-delà.

« Je fais ma part », dirait simplement le colibri en prenant de nouveau un peu d'eau dans son bec pour poursuivre sa mission éternelle.

Un écho langoureux et paisible résonne dans mon esprit à jamais transformé :

« Il faut repartir, pas à pas, sur le Chemin de la Vie. »

Je l'ai bien compris puisqu'Elle a un véritable sens, aujourd'hui, ma vie, avec pour trait d'union, l'Amour !

Serein, enthousiaste, en paix, je repars ; je repars sur mon merveilleux Chemin des Etoiles.

« Merci Saint-Jacques pour ce cheminement intérieur, cette éclatante métamorphose sans cesse en marche ! »

"C'est peut-être, une goutte dans la mer, c'est peut-être, une goutte dans le désert, oui mais c'est sa raison d'être…" (Sidaction : Lionel Florence / Pascal Obispo.)

17. Le chemin de l'écriture

"Relis-toi sept fois avant d'écrire." *(Alain Bousquet)*

Avant d'écrire, il m'a fallu du temps pour comprendre la direction de ce nouveau Chemin si tortueux.

Sans balise ni boussole, je me suis souvent égaré, en équilibre, un instant, me jetant du haut d'une page blanche, dans le vide. Pas à pas, j'ai tenté de dompter, sans tomber, la respiration des ponctuations, l'originalité et la nuance des mots. Certains s'envolent pour se poser calmement, en silence, entre l'encre et le papier. D'autres, plus agités, tombent sur mon bureau transformé en un radeau instable qui tangue dangereusement. Je m'accroche et je flotte retenant ma feuille de papier, mon crayon fixe le mot tant recherché dans cet océan déchaîné. Puis le calme revient au fur et à mesure, tranquillement, la tête légèrement penchée pour lire entre les lignes, j'observe la nouvelle page noircie avec satisfaction ou bien contrariété. Mais tout est très fort et pur, quel que soit mon ressenti, mon cœur me guide. La nuit vient doucement ou peut-être, est-ce le jour qui s'efface, en me donnant la joie de repartir, pour gravir une nouvelle étape dans cette odyssée littéraire, sans peur...

De la même manière que le Camino de Saint-Jacques s'est imposé, celui de l'écriture s'est imprégné en moi, dès mon retour, telle une mue salvatrice. J'ai compris qu'entre les lignes de ces deux chemins, je devais construire un passage, imbriqué de lettres, de syllabes et enfin de mots, pour cimenter un précieux pont dont les murs porteurs seraient invulnérables. Il reliera en moi ces deux espaces pour n'en modeler qu'un, comme l'abeille butine de fleur en fleur et pollinise la nature en la sublimant pour notre survie. Les empreintes de mes pas sont devenues des lettres, puis celles de cet ouvrage, témoin d'un bien-être retrouvé.

Écrire ce livre sur mes pèlerinages a été une succession d'étapes plus ou moins difficiles. Les dénivelés ont été souvent vertigineux et les obstacles, nombreux. Les moments de solitude et de désespérance face à la page blanche ont été présents à chaque chapitre. J'ai remonté le temps pour comprendre une part du présent sans crainte d'entrevoir l'avenir.

Ce récit est le prolongement de mon voyage. Il s'inscrit dans une démarche symbolique pour donner à chacun l'envie de partir un jour et de se redécouvrir au sein de sa quête personnelle.

Il s'adresse aussi à ceux qui ne peuvent se déplacer afin de les faire voyager et cheminer un peu à mes côtés. J'espère avoir réussi, moi qui jamais, avant ce voyage, n'avais imaginé une telle réalisation, un tel cheminement...

Une telle et si belle métamorphose...

"ULTREÏA" !

Remerciements

À ma femme, en particulier, qui m'a aidé dans la gestion et le suivi de mes étapes, à ma famille, en général, qui a accepté le temps que j'ai passé pour entreprendre ces voyages et qui m'a encouragé pour l'écriture de ce livre.

À mes amis qui ont suivi mes pérégrinations de près ou de loin par des messages d'amitié qui me font, chaque jour, chaud au cœur et qui m'ont touché d'autant plus dans les moments de doutes.

À tous les hébergeurs rencontrés et à ceux qui publient des nouvelles du Chemin. Ils sont d'une aide précieuse pour tous les Pèlerins. Une pensée plus particulière pour ses nombreux conseils avant mon premier départ, à Cathy Aliaga (Ma sœur du Chemin). Merci à Céline Anaya Gautier pour tous ses beaux voyages si bien contés, à Mahdi Alioui (Du Camino) et Daniel Borzakian pour leurs exploits bien sûr, mais surtout pour leur humanité qui m'accompagne depuis toutes ces années.

Aux correcteurs,

Irène Sasso pour sa lecture attentive, Catherine Bilandjian pour son analyse du mot juste, Clarisse Bilandjian pour son aide technique si précieuse, à Jean Christophe De Clerck pour sa naturelle clairvoyance d'analyse et sans oublier Fabienne Cazin pour ses bons conseils et la belle conception personnalisée des couvertures de ce manuscrit.

Merci aussi, bien sûr, à Karine Sicre pour sa générosité humaine, le temps qu'elle a consacré à l'analyse clairvoyante de chaque ligne et la joie qu'elle m'a procurée en acceptant " d'ancrer et d'encrer " avec délicatesse, cette si noble préface. De sa baguette divine elle a insufflé la résonance, la note qui manquait.

À mes sœurs et frères pèlerins, ils marchent éternellement à mes côtés en éclairant la voie de mon Cheminement.

À Tagada…Le chat de Compostelle qui a atteint le paradis des animaux à quatre pattes avant l'achèvement de ce livre…

Table des matières : Chapitres

1. La belle histoire 1
2. De Saint-Jacques à Compostelle 7
3. Chacun son Compostelle 15
4. La première étincelle ! 31
5. Compostelle ? Mais ou est-ce vraiment ? 37
6. Partir oui, mais comment ? 41
7. Avant le départ encore et encore ! 61
8. Enfin le premier jour du départ 81
9. Etape après étape 125
10. Au cœur du Chemin 139
11. La métamorphose du cheminement 159
12. Le Mont de la Joie 165
13. Repartir, continuer ou revenir ? 179
14. En route pour cap Fisterra ! 183
15. Au-delà du point zéro 187
16. Il faut repartir sans peur de revenir 197
17. Le chemin de l'écriture 203